본문 중심의 말씀 묵상

–

이제 점점 말씀의 맛을 알아가는 사랑하는 딸 예지에게

나 중심의 오독에서 벗어나기

본문 중심의 말씀 묵상

지은이 | 권호
초판 발행 | 2022. 11. 16
2쇄 발행 | 2024. 2. 27
등록번호 | 제1988-000080호
등록된 곳 | 서울특별시 용산구 서빙고로65길 38
발행처 | 사단법인 두란노서원
영업부 | 2078-3352 FAX | 080-749-3705
출판부 | 2078-3331

책값은 뒤표지에 있습니다.
ISBN 978-89-531-4347-0 03230

독자의 의견을 기다립니다.
tpress@duranno.com www.duranno.com

두란노서원은 바울 사도가 3차 전도여행 때 에베소에서 성령 받은 제자들을 따로 세워 하나님의 말씀으로 양
육하던 장소입니다. 사도행전 19장 8-20절의 정신에 따라 첫째 목회자를 돕는 사역과 평신도를 훈련시키는 사
역, 둘째 세계선교(TIM)와 문서선교(단행본·잡지) 사역, 셋째 예수문화 및 경배와 찬양 사역, 그리고 가정·상담 사역
등을 감당하고 있습니다. 1980년 12월 22일에 창립된 두란노서원은 주님 오실 때까지 이 사역들을 계속할 것
입니다.

본문 중심의
말씀 묵상

나 중심의 오독에서 벗어나기

권호 지음

두란노

추천의 말 8

프롤로그 12

Chapter 1
본문 중심 묵상의 길 위에 서다

말씀이 내 삶에 들어올 때 18

바른 묵상을 결심하다 20

본문 중심의 말씀 묵상이란 22

본문 중심의 말씀 묵상 4단계 25

Chapter 2

본문 중심 묵상의 길을 익히다

1단계: 본문에 스며들라 30

본문 선택: 성경 각 권 혹은 주제 30

본문 읽기: 내 관찰, 깨달음이 먼저! 32

본문 읽기 실습 33

본문 연구: 확인과 확장의 과정 39

본문 연구를 위한 참고 도서 40

본문 연구 실습 42

2단계: 본문과 오늘의 삶을 연결하라 56

연관성이란 57

연관성의 두 토대 60

사사기 13장의 연관 작업을 위한 두 과정 69

사사기 13장의 연관 작업 실례 73

적절한 연관 작업이 효과적 적용을 부른다 76

3단계: 실천을 위한 적용점을 찾으라 78

적용의 중요성 79

적용의 양대 산맥 GASA 81

다양하게 적용하기 83

일반적 적용과 구체적 적용 실습 84

사사기 13장의 적용 실례 90

본문의 내용 파악 91

연관성 발견 92

적용점 찾기 92

4단계: 발견하고 깨달은 것을 기록하라 95

묵상 기록의 중요성과 방식 95

개요 형태의 묵상 기록 97

요약 형태의 묵상 기록 99

완전 형태의 묵상 기록 103

완전 형태의 묵상 기록 샘플 104

Chapter 3
본문 중심 묵상의 길을 훈련하며 걷다

본문 중심의 말씀 묵상 실습과 실례 114

실습 1 복음서 본문(눅 23:33-43) 116

샘플 1 주님이 나를 기억하신다 120

실습 2 삼손 이야기 연속 본문(삿 14:1-9) 126
샘플 2 내 눈에 좋을 때 벌어지는 일 130

실습 3 삼손 이야기 연속 본문(삿 14:10-20, 15:1-8) 138
샘플 3 신나는 잔치가 분노로 바뀔 때 142

실습 4 삼손 이야기 연속 본문(삿 15:9-20) 150
샘플 4 엔학고레의 은혜 154

실습 5 삼손 이야기 연속 본문(삿 16:1-20) 160
샘플 5 잘릴 것인가, 자를 것인가 164

실습 6 삼손 이야기 연속 본문(삿 16:21-31) 174
샘플 6 마지막인가, 마지막까지인가 178

실습 7 구약과 신약 연결 본문(창 22:1-14) 186
샘플 7 두 아버지 이야기 190

에필로그 196

주(註) 199

저자는 탁월한 내러티브 설교자로서, 감동적인 설교가 어떻게 깊은 묵
상 속에서 나오는지 보여 준다. 정확한 본문 관찰과 현재적 삶과의 연
관성, 개인의 삶을 돌이키는 적용을 통해 어떻게 삶을 변화시키는 설
교가 될 수 있는지를 보여 준다. 저자의 가르침을 따르라. 본문에서 추
수한 알곡을 자기 깨어짐의 맷돌에 갈고 눈물로 반죽한 후 성령의 오븐
에 구워 어머니의 마음으로 예배자들의 입에 넣어 주라!

김남준 열린교회 담임목사

본문을 벗어난 말씀 묵상은 주관적이고 자의적인 오독의 위험이 있습
니다. 본문 중심으로 깊이 있게 말씀을 묵상하여 오늘날의 삶과 연관
시키고 그 말씀을 내 삶 속에 적용하며 실천할 때, 비로소 삶을 변화시
키는 살아 있는 하나님의 말씀이 됩니다. 이 책을 통한 묵상 훈련과 성
령의 도우심을 통해 심오한 하나님의 말씀 속으로 더 깊이 들어가는 바
른 묵상이 회복되길 원합니다.

김병삼 만나교회 담임목사

권호 교수는 반추적 실천가(Reflective practitioner)이자 학문적 트레이너
(Academic trainer)로서 탁월한 족적을 남기고 있다. 그의 저술은 언제나,

지금, 즉시 설교 현장과 목회 상황에 직접적으로 적용하기에 수월하다. 설교가 겸 학자인 팀 켈러 목사의 길을 그는 따르고 있는 듯하다. 이번 책도 강력 추천한다.

박태양 목사 TGC코리아 대표

말씀을 마음에 기록할 때, 생명의 말씀이 일상의 능력이 됩니다. 세상을 향한 모든 창을 닫은 고요한 말씀 묵상이 현실의 기적이 되는 순간입니다. 《본문 중심의 말씀 묵상》은 우리 속에 의지적으로 말씀을 심고, 그것을 체질화시키는 데 도움을 주는 책입니다. 이 책을 통해 말씀 묵상의 힘을 영광스럽게 경험하길 바랍니다.

오정현 사랑의교회 담임목사

말씀을 묵상하는 데 있어서 가장 큰 장애는 자신의 생각입니다. 그래서 말씀 묵상은 치열하게 본문을 붙들고 있어야 합니다. 이런 면에서 본문을 붙들고 야곱처럼 씨름한 권호 교수님의 이 책은 우리에게 너무나 귀한 지침이요, 도전이 될 것입니다.

유진소 호산나교회 담임목사

한국교회 설교학의 권위자이신 권호 교수님의 《본문 중심의 말씀 묵상》 책 출간을 기뻐하는 이유는 설교학자가 제시하는 묵상 가이드이기 때문입니다. '말씀 묵상'이라는 단어 앞에 '본문 중심'이라는 단어가 붙는 것은 매우 중요합니다. 본문의 맥락 속에서 묵상이 이루어지지 않는 경우가 너무 많고, 그로 인한 신앙 생활의 오류가 있기 때문입니다. 이 책을 통해 말씀 묵상의 진미가 한국교회 성도들에게 쏟아질 줄 믿고 추천합니다.

이재훈 온누리교회 담임목사

말씀을 묵상하며, 그 말씀을 살아내는 성도는 영적으로 아름다울 뿐 아니라 강합니다. 그런 성도들이 있기에 한국교회에 희망이 있습니다. 이 책을 통해 많은 성도들이 말씀 묵상의 기쁨과 영적 견고함의 길을 발견할 수 있기를 기대합니다.

이찬수 분당우리교회 담임목사

성경 말씀을 제 소견에 좋은 대로 읽고, 건성으로 읽고, 직감을 따라 느껴지는 대로 읽는 것은 설교자와 일반 신자들을 막론하고 흔히 범하는 성경 읽기의 치명적인 잘못이다. 본문 중심 묵상은 교회와 신자가 성경으로 돌아가는 첫걸음이다. 이 책은 제대로 된 본문 중심 묵상을 위한 쉽고도 명료한 시범일 뿐 아니라, 스스로 그 길을 헤쳐 나가도록 인도하는 탁월한 길잡이다.

정창균 합동신학대학원대학교 전 총장

저는 30년 이상 아침마다 말씀을 묵상하고, 가족과 지인들에게 전달하고 있습니다. 지금까지 묵상에 관한 많은 책을 읽고, 또 묵상 강의도 했습니다. 존경하는 권호 목사님의 이번 책을 읽고 나니 '이런 귀한 실전적 묵상 책이 왜 이제야? 좀 더 빨리 세상에 나왔더라면…' 하는 생각을 했습니다. 부모를 닮아 묵상을 하고 있는 제 사랑하는 아이들에게도 이 책을 권했습니다. 여러분에게도 이 책을 권합니다.

최진석 유튜브 '닥터까막눈' 운영자

언제부터인가 목회자와 성도 사이에 본문 중심의 말씀 운동이 강하게 일어나고 있음을 느낀다. 감사한 일이다. 몇 년 전 한국교회 강단이 다시 말씀으로 돌아와야 한다는 확신으로 《본문이 살아있는 설교》라는 책을 썼다. 이 책은 목회자들의 좋은 반응과 더불어 한국기독교출판협회(이하 기출협)가 선정한 '국내 목회자료 최우수상'을 받으며 더 많이 알려졌다.

그 후 신기한 일이 일어났다. 목회자들뿐만 아니라 성도들이 본문 중심의 묵상을 하고 싶다고 말하며 이와 관련된 책을 써 줄 것을 요청했다. 지속적으로 묵상을 한다는 것은 어려운 일이다. 그런데 본문의 뜻이 무엇인지 깊이 생각하고 그것을 삶으로 연결하는 본문 중심의 묵상을 한다는 것은 더 어려운 일이다. 나는 이 사실을 잘 알기에 여러 번의 요청에도 불구하고 묵상법에 대한 책 집필을 미루어 왔다.

　그러던 중 작년에 또 신기한 일이 일어났다. 기출협이 내가 그동안 출판한 책들을 심사하고 '올해의 저자상'을 준 것이다. 전혀 예상하지 못한 일이라 결과를 듣고 나는 웃었다. 그리고 내가 상을 받은 유일한 이유는 중요한 주제를 쉽게 쓰기 때문이라고 스스로 결론을 내렸다. 당시, 글쓰기를 잠시 쉬려는 게으른 마음을 먹었는데 그 큰 상을 받고 마음이 달라졌다. 한국교회를 위해 뭔가 작은 일이라도 해야 한다는 생각이 들었다. 그 결과 한국교회 성도들의 말씀 묵상에 도움이 되는 책을 써야겠다고 결심했다. 이 책은 그 결심의 실천이다.

　설교학자로 계속 설교학 책을 출판했다. 바쁜 와중에 국내 주요 말씀 묵상 출판 기관에서 원고 청탁을 받으면 미루지 않고 묵상 글을 써서 보냈다. 바쁘고 힘들었지만 그리 했다. 내가 말씀을 너무 사랑하고, 묵상의 힘이 얼마나 큰지 잘 알기 때문이었다. 말씀 묵상은 조용한 행동이지만 그 힘은 무엇보다 강하다. 기울어지고 무너지기 쉬운 마음도 말씀이 들어가면 견고한 마음으로 바뀌는 것을 보았다. 시편 기자는 이렇게 말한다. "주의 말씀을 열면 빛이 비치어 우둔한 사람들을 깨닫게 하나이다"(시 119:130). 나는 확신한다. 지속적인 운동이 우리 몸에 근육을 만드는 것처럼, 지속적인 묵상은 우리 영혼을 강하게 세운다.

사실 본문 중심의 말씀 묵상이 쉽지는 않다. 그러나 이 방법은 큐티 수준을 넘어 깊고 균형 잡힌 묵상을 원하는 성도에게 꼭 필요한 묵상법이다. 또한 심도 있는 묵상으로 성경 공부를 하기 원하는 주일학교 교사에게 좋은 선택이다. 설교하기 위해 말씀을 보는 것이 아니라, 묵상의 은혜가 흘러 자연스럽게 설교가 되는 경험을 원하는 목회자에게도 꼭 필요한 방법이다. 말씀을 사랑하고 묵상하며 깨달은 것을 살아내는 성도와 목회자에게 이 책이 좋은 친구요 안내자가 되기를 기대한다.

2022년 가을, 묵상하며
권 호

말씀 묵상은 당신을 가로막고 있는 모든 성벽을 허물고,
하나님이 당신을 위해 일하시는 그 자리로 이끈다.

로버트 맥기(Robert S. McGee)

1

본문 중심 묵상의
길 위에 서다

말씀이
내 삶에 들어올 때

하나님의 말씀은 생명이다. "풀은 마르고 꽃은 시드나 우리 하나님의 말씀은 영영히 서리라 하라"(사 40:8). 영혼을 자라게 하는 힘이요, 삶의 열매를 맺게 하는 근원이다. 지속적으로 말씀을 묵상하고 그 말씀을 살아내는 사람은 소성케 하시는 하나님을 생생하게 경험한다.

우리에게 익숙한 시편 1편의 기자는 말씀 묵상의 중요성을 그림 같은 이미지로 우리에게 설명한다.[1] 하나님이 사랑하고 축복하시는 의인은 말씀 안에 산다. 1절에서 의인은 어떤 구체적 행동에 관여되지 않은 사람으로 나타난다. 그는 걷지도 서지도 앉지도 않는다. 그와는 반대로 악인들은 무엇인가를 도모하기 위해 끊임없이 움직이고 있음이 암시된다.

2절에 가서야 의인의 움직임이 나타난다. 그 움직임은 여호와의 율법, 즉 그분의 말씀 묵상과 관련된 것이다. 의인은 말씀을 '즐거워하며' 밤과 낮에 그것을 '묵상'한다. "오직 여호와의 율법을 즐거워하여 그의 율법을 주야로 묵상하는도다."

자신의 삶을 말씀에 뿌리내리고 있는 의인은 풍요롭고 단단한 땅에 뿌리내리고 서 있는 평화로운 나무 같다. 그와 대조적으로 악인들은 방향을 잃고 끊임없이 움직이는 겨와 같다. 악인은 무(nothingness) 속으로 날려가고 결국 심판에 이른다. 그러나 의인은 형통과 인정의 길로 간다. 말씀을 붙잡고 뿌리내리고 하나님의 축복 속에서 열매 맺는 의인의 삶이 3절에서 아름다운 그림처럼 펼쳐진다. "그는 시냇가에 심은 나무가 철을 따라 열매를 맺으며 그 잎사귀가 마르지 아니함 같으니 그가 하는 모든 일이 다 형통하리로다."

시인의 삶처럼 우리도 악한 꾀를 도모하고 죄의 길로 유혹하는 사람들에 둘러싸여 있을 때가 있다. 그때 공포와 분노가 우리 안으로 들어와 삶을 흔들고 휘젓는 경험을 해서는 안 된다. 살아 계신 하나님의 말씀이 내 삶에 들어와 흔들리지 않는 중심이 되고, 멈추지 않는 성장이 되어, 기대보다 아름다운 열매를 얻는 경험을 해야 한다. 시편 기자의 경험이 옳다. 말씀이 내 안에 들어와 생명과 성장과 열매가 되는 길은 지속적인 말씀 묵상이다.

바른 묵상을
결심하다

현재 한국교회에 말씀 읽기와 묵상 운동이 계속 일어나고 유지되는 것은 축복이 아닐 수 없다. 많은 성도가 설교를 듣는 것에 만족하지 않고 스스로 말씀을 읽고 묵상하면서 영적 성장을 경험한다. 감사한 일이다. 그러나 다음과 같은 이유 때문에 바른 묵상이 필요한 시기가 되었다.

먼저 말씀 읽기에 삶으로의 연결과 실천이 필요하기 때문이다. 하루에 성경을 두세 장 읽거나 한 권을 통독하는 것의 장점은 성경 전체의 흐름을 빠르게 잡는 것이다. 하지만 너무 빠르게 읽기 때문에 말씀을 삶으로 연결하고, 생활에서 실천해야 할 적용을 찾기가 쉽지 않다. 말씀을 읽는 것에 그치지 않고 현재의 삶으로 연결하고 말씀에서 깨달은 것을 살아내는 것이 필요하다. 이렇게 말씀의 내용을 파악하고 삶과 연결해 적용점까지 찾기 위해서는 통독 외에 한 장 이하의 길지 않은 본문을 깊게 살피는 묵상이 필요하다.

바른 묵상이 필요한 또 다른 이유는 주관적 묵상의 한계를 벗어나야 하기 때문이다. 적절한 분량의 본문을 지속적으로 묵상하는 것은 건강한 말씀 생활에 꼭 필요한 일이다.

문제는 묵상을 할 때 기본적인 성경의 이해와 필요한 과정을 소홀히 하고 주관적 생각이나 느낌으로 말씀을 해석하고 적용하는 것이다. S.네이커노스(Shigeyuki Nakanose)는 "적절한 성경 해석법을 모른 채 말씀을 읽고 묵상할 때 우리는 너무도 자주 개인적 관심사에 빠져 방향을 잃거나 편협한 관점에 갇혀 잘못된 결론에 이른다"고 말한다. 주관적 묵상의 위험성을 정확하게 지적한 것이다.[2] 묵상을 할 때 적절한 성경 이해와 과정을 거치는 것이 꼭 필요하다.

그렇다면 말씀을 읽는 것에 그치지 않고 우리의 삶과 연결 및 적용할 수 있는 길은 무엇인가? 동시에 주관적 묵상의 한계를 벗어날 수 있는 방법은 무엇인가? 이것이 바로 이 책이 제시하는 본문 중심의 말씀 묵상이다.

check

• 바른 묵상이 필요한 이유

   1) 말씀을 읽는 것을 넘어 삶과 연결하고 적용하기 위해

   2) 주관적 묵상의 위험을 극복하기 위해

본문 중심의
말씀 묵상이란

본문 중심의 말씀 묵상에서 빠질 수 없는 세 가지 요소가 있다.[3] 본문 중심 묵상의 첫 요소는 '본문의 내용 파악'이다. 이 것이 본문 중심 묵상의 첫 출발점이요, 씨앗이다. 본문 중심 말씀 묵상이라는 이름 그 자체가 나타내는 것처럼 본문이 모 든 것의 핵심이다.

본문 중심 묵상은 무엇보다 성경 본문의 내용을 분명하게 파악하고자 최선을 다한다. 본문의 내용을 선명하게 파악하 는 것은 묵상의 중심을 잡아 주면서 묵상자를 깊은 진리의 세 계로 인도한다.

본문 중심 묵상의 두 번째 요소는 '연관성 발견'이다. 연관성 (relevance)이란 성경이라는 오랜 시간을 거쳐 온 텍스트와 오 늘날 상황의 공통된 연결점을 말한다. 좋은 말씀 묵상은 현대 를 사는 우리가 왜 수천 년 전에 기록된 본문을 읽고 묵상해 야 하는지와 그것이 우리의 삶과 어떻게 연관되는지를 깨닫게 한다. 존 스토트(John Stott)는 연관성을 성경 시대와 현대 시대 의 두 세계를 연결하는 다리로 설명했다.[4] 묵상자가 연관성을 통해 과거의 말씀과 현재 삶의 연결점을 깨달을 때 묵상이 풍요로워진다.

본문 중심 묵상의 마지막 세 번째 요소는 '적용점 찾기'이다. 올바른 묵상은 본문의 의미가 무엇이며, 현시대와 어떻게 연결되는지를 깨닫는 것에 그치지 않는다. 한걸음 더 나아가 본문에 나타난 진리를 어떻게 구체적으로 실천할 수 있는지 적용점(application)을 찾는다. 본문을 통해 깨달음을 얻었지만, 그것을 현실의 삶에 어떻게 적용할 것인지 찾지 않으면 삶의 변화를 기대하기 어렵다. 적용이란 과정을 거쳐야만 변화라는 열매를 얻을 수 있다. 그러므로 묵상자는 반드시 말씀에서 깨달은 것을 어떻게 구체적으로 삶에서 실천할 수 있는지 찾아야 한다.

위에서 살펴본 것처럼 본문 중심 묵상은 반드시 본문의 내용 파악에서 시작해서, 연관성을 통해 과거의 의미를 오늘의 의미로 연결하고, 삶의 변화를 위한 적용점을 찾는 단계까지 나가야 한다. 이 세 요소를 바탕으로 '본문 중심의 말씀 묵상'을 다음과 같이 정의할 수 있다.

본문 중심의 말씀 묵상이란 본문의 내용을 경건한 연구를 통해 정확히 파악하고, 연관성을 통해 그것을 현재 삶과 연결하며, 삶에 구체적인 실천이 일어나도록 적용점을 찾는 것이다.

본문 중심의 말씀 묵상에 대한 이 정의는 앞에서 살펴본 세 가지 요소를 포함해서 만든 것이다.

본문 중심 묵상의 세 가지 요소 외에 추가로 강조하고 싶은 것이 있다. '경건한 연구'가 바로 그것이다. 묵상자는 분명 지성을 사용해야 하지만, 반드시 성령님의 도우심을 받아야 한다는 것을 강조하고 싶어서 이 표현을 넣었다. 말씀의 올바른 의미를 우리의 머리로만 파악할 수 없다. 성경의 저자이신 성령님께 겸손히 엎드려 기도할 때만 가능한 일이다. 깊은 묵상은 성실한 연구뿐만 아니라 겸손한 기도가 더해질 때 나온다.

지금까지 살펴본 본문 중심 묵상의 세 요소와 흐름을 그림으로 정리하면 다음과 같다.

〈그림 1: 본문 중심 묵상의 세 요소와 흐름〉

본문 중심의 말씀 묵상
4단계

본문 중심의 말씀 묵상을 하려면 그것을 가능케 하는 구체적 단계를 익혀야 한다. 똑같은 본문을 택했어도 어떤 묵상 준비 단계를 거쳤는지에 따라 전혀 다른 묵상 결과가 나온다.

본문 중심의 말씀 묵상을 하기 위해 얼마든지 여러 단계를 설정할 수 있다. 묵상 준비 단계를 세부적으로 만들 경우(예를 들어 8단계, 10단계 등) 묵상 준비를 꼼꼼하게 할 수 있는 장점이 있다. 그러나 문제는 묵상에 시간이 너무 많이 걸리고, 각 단계를 익히다가 지치거나 포기할 수도 있다. 반대로 묵상 준비 단계가 너무 단순하면 성경 본문 속에 담겨진 풍성한 진리와 깨달음을 충분히 얻지 못할 가능성이 높다.

결국 묵상자는 너무 세부적이거나 혹은 너무 단순하지 않은 적절한 묵상 준비 단계를 스스로 결정해야 한다. 아래는 필자가 제시하는 본문 중심의 말씀 묵상을 위한 4단계이다.

• 1단계: 본문(Text) 내용 정확히 파악하기

본문을 여러 번 읽고 연구해서 내용을 선명하게 파

악하는 단계

- **2단계: 현재 삶과의 연관성(Relevance) 발견하기**

  과거의 본문과 현재 우리 삶을 연결하는 단계

- **3단계: 실천을 위한 적용점(Application) 찾기**

  본문의 가르침을 우리 삶에 어떻게 실천해야 할지
  결정하는 단계

- **4단계: 묵상 노트(Devotional Journal) 작성하기**

  지금까지 묵상을 통해 발견한 것을 기록하고 실천
  을 위해 나누는 단계

위에서 제시한 네 단계는 본문 중심 말씀 묵상을 만들기 위
해 묵상자가 반드시 거쳐야 할 단계들이다. 처음 볼 때는 단
순한 것 같지만 각 단계마다 세부 단계가 있어 묵상자가 자칫
놓치기 쉬운 부분들을 보강하고 있다. 이제 다음 장에서 본문
중심 말씀 묵상을 위한 네 단계에 대해 세부적으로 알아보자.

–

본문 중심의 말씀 묵상이란

본문의 내용을 경건한 연구를 통해 정확히 파악하고,

연관성을 통해 그것을 현재 삶과 연결하며,

삶에 구체적인 실천이 일어나도록 적용점을 찾는 것이다.

본문 중심 묵상의
길을 익히다

본문에 스며들라

본문을 여러 번 읽고 연구하기

이제 본문 중심의 묵상을 위한 첫 단계로 어떻게 본문을 선택하고, 어떤 과정을 통해 본문의 내용을 분명하게 파악할 수 있는지 알아보자. 1단계와 관련된 세부 과정은 본문 선택, 본문 읽기, 본문 연구다.[5]

본문 선택:

성경 각 권 혹은 주제

본문 중심 묵상을 하기 위해서 제일 먼저 해야 할 것은 묵상할 본문을 잡는 것이다. 본문을 선택하는 몇 가지 방법이 있다.

가장 쉽고도 효과적인 방법은 일정 기간 묵상할 성경의 각 권 중 하나를 먼저 결정하는 것이다. 창세기, 요한복음 등 묵상할 각 권 중 하나를 결정하면 각 장의 단락에 따라 본문을 나누고 묵상하면 된다. 참고로 성경 각 장의 단락은 표제어 혹은 작은 원 표시 또는 들여쓰기로 구분되어 있다.

한편, 묵상할 주제에 따라 본문을 선택할 수도 있다. 자신이 묵상하고 싶은 주제와 관련된 본문을 선택하기 위해 쉽고 효율적인 방법은 성경사전이나 주제와 관련된 책을 참고하는 것이다. 예를 들어 '순종'이라는 주제에 관련해서 묵상을 하고 싶다면 성경사전에서 '순종'이라는 단어를 찾으라. 그러면 그와 관련된 여러 본문이 소개되는 것을 볼 수 있다.

지속적이고 균형 잡힌 묵상을 하기 원한다면 연속적으로 묵상이 가능한 성경 각 권 중 하나를 결정하는 것을 추천한다.

check _____

묵상할 본문 선택하기: 성경의 각 권, 혹은 특정 주제

본문 읽기:
내 관찰, 깨달음이 먼저!

본문을 선택했다면 이제 본문을 읽으라. 본문을 읽기 전에 가장 먼저 해야 할 것은 기도다. 깨닫게 하시는 성령의 도우심을 구하라. 본문을 적어도 두 번 이상 읽으라.

본문을 읽을 때 기억하고 실천해야 할 점이 있다. 첫째, 본문을 눈뿐만 아니라 입으로 소리 내며 읽으라. 본문을 소리 내서 읽으면 눈으로만 봤을 때 발견하지 못했던 것을 깨닫게 된다. 시편 기자는 이것을 체험하고 말씀을 종일 작은 소리로 읊조렸다고 말했다. "내가 주의 법을 어찌 그리 사랑하는지요 내가 그것을 종일 작은 소리로 읊조리나이다"(시 119:97). 둘째, 다양한 번역본을 통해 본문을 묵상하라. 다양한 번역본으로 본문을 읽으면 단어, 표현, 구조의 차이점을 알 수 있다.

묵상에서 본문을 충실하게 읽는 것만큼 중요한 것은 없다. 본문을 읽기 전에 해설서나 주석을 먼저 보지 말라. 성령께서 지금 내게 무엇을 말씀하시는지 듣는 것이 우선이다. 본문을 읽으면서 관찰 결과와 떠오르는 질문을 간단하게 적어 두라. 이를 바탕으로 후에 본문을 연구하면 된다. 또한 영적 깨달음도 기록해 두라. 후에 연관성 놓기와 적용점 발견에 도움이 된다.

check _____

- **본문을 읽을 때 기억할 것**

  1) 본문을 눈과 입으로 두 번 이상 읽으라

  2) 다양한 번역본을 읽으라

  3) 관찰 결과와 질문을 적어 두라

  4) 영적 깨달음도 적어 두라

본문 읽기

실습

이제 사사기 13장을 통해 묵상을 위한 본문 읽기를 연습해 보자. 대부분 사람들에게 이 본문은 낯선 본문일 것이다. 사사기 13장은 삼손의 부모에 관한 본문이다. 보통 삼손에 대한 묵상은 많은데, 그의 부모에 대한 묵상 내용은 거의 없다. 본문 읽기와 연구를 통해 어떻게 익숙하지 않은 본문에서 깊은 의미를 발견할 수 있는지 살펴보자. 먼저 본문을 천천히 읽으면서 관찰 결과 및 질문과 깨달음을 적으라. 참고로 필자가 본문을 읽으며 주목하고 깨달음이 왔던 부분을 밑줄로 표시해 두었다.

사사기 13장

1 이스라엘 자손이 다시 여호와의 목전에 악을 행하였으므로 여호와께서 그들을 사십 년 동안 <u>블레셋 사람의 손에 넘겨 주시니라</u> 2 소라 땅에 단 지파의 가족 중에 마노아라 이름하는 자가 있더라 그의 아내가 <u>임신하지 못하므로 출산하지 못하더니</u> 3 여호와의 사자가 그 여인에게 나타나서 그에게 이르시되 보라 네가 본래 임신하지 못하므로 출산하지 못하였으나 이제 임신하여 아들을 낳으리니 4 그러므로 너는 삼가 포도주와 독주를 마시지 말며 어떤 부정한 것도 먹지 말지니라 5 보라 네가 임신하여 아들을 낳으리니 그의 머리 위에 삭도를 대지 말라 이 아이는 태에서 나옴으로부터 <u>하나님께 바쳐진 나실인이 됨이라</u> 그가 블레셋 사람의 손에서 이스라엘을 구원하기 시작하리라 하시니 6 이에 그 여인이 가서 그의 남편에게 말하여 이르되 하나님의 사람이 내게 오셨는데 그의 모습이 하나님의 사자의 용모 같아서 심히 두려우므로 어디

서부터 왔는지를 내가 묻지 못하였고 그도 자기 이름을 내게 이르지 아니하였으며 **7** 그가 내게 이르기를 보라 네가 임신하여 아들을 낳으리니 이제 포도주와 독주를 마시지 말며 어떤 부정한 것도 먹지 말라 이 아이는 태에서부터 그가 죽는 날까지 하나님께 바쳐진 나실인이 됨이라 하더이다 하니라 **8** <u>마노아가 여호와께 기도하여 이르되</u> 주여 구하옵나니 주께서 보내셨던 <u>하나님의 사람을 우리에게 다시 오게 하사</u> 우리가 그 낳을 아이에게 어떻게 행할지를 우리에게 가르치게 하소서 하니 **9** 하나님이 마노아의 목소리를 들으시니라 여인이 밭에 앉았을 때에 하나님의 사자가 다시 그에게 임하였으나 그의 남편 마노아는 함께 있지 아니한지라 **10** 여인이 급히 달려가서 그의 남편에게 알리어 이르되 보소서 전일에 내게 오셨던 그 사람이 내게 나타났나이다 하매 **11** 마노아가 일어나 아내를 따라가서 그 사람에게 이르러 그에게 묻되 당신이 이 여인에게 말씀하신 그 사람이니이까 하니 이르되 내가 그로다 하니라 **12** 마노아가 이르되 이제 당신의 말씀대로 되기를 원하나이다 이 아이를 어떻게 기르며 우리가 그에게 어떻게 행하리이까 **13** 여호와의 사자가 마노아에게 이르되 내가 여인에게 말한 것들을 그가 다 삼가서 **14** 포도나무의 소산을 먹지 말며 포도주와 독주를 마시지 말며 어떤 부정한 것도 먹지 말고 내가 그에게 명령한 것은 다 지킬 것이니라 하니라 ¹⁵ 마노아가 여호와의 사자에게 말하되 구하옵나니 당신은 우리에게 머물러서 우리가 당신을 위하여 염소 새끼 하나를 준비하게 하소서 하니 ¹⁶ 여호와의 사자가 마노아에게 이르되 네가 비록 나를 머물게 하나 내가 네 음식을 먹지 아니하리라 번제를 준비하려거든 마땅히 여호와께 드릴지니라 하니 이는 그가 여호와의 사자인 줄을 마노아가 알지 못함이었더라 ¹⁷ 마노아가 또 여호와의 사자에게 말하되 당신의 이름이 무엇이니이까 당신의 말씀이 이루어질 때에 우리가 당신을 존귀히 여기리이다 하니 ¹⁸ 여호와의 사자가 그에게 이르되 어찌하여 내 이름을 묻느냐 내 이름은 기묘자라 하니라 ¹⁹ 이에 마노아가 염소 새끼와 소제물을 가져다가 바위 위에서 여호와께 드리매 이적이 일어난지라 마노아와 그의 아내가 본즉 ²⁰ 불꽃이 제단에서부터 하늘로 올라가는 동시에 여호와의 사자가 제단 불꽃에 휩싸여 올라간지라 마노아와 그의 아내가 그것을 보고 그들의 얼굴을 땅에 대고 엎드리니라 ²¹ 여호와의 사자가 마노아와 그의 아내에게 다시 나타나지 아니하니 마노아가 그제야 그가 여호와의 사자인 줄 알고 ²² 그의 아내에게 이르되 우리가 하나님을 보았으니 반드시 죽으리로다 하니 ²³ 그의 아내가 그에게 이르되 여호와께서 우리를 죽이려 하셨더라면 우리 손에서 번제와 소제를 받지 아니하셨을 것이요 이 모든 일을 보이지 아니하셨을 것이며 이제 이런 말씀도 우리에게 이르지 아니하셨으리이다 하였더라 24 그 여인이 아들을 낳으매 그의 이름을 삼손이라 하니라 <u>그 아이가 자라매 여호와께서 그에게 복을 주시더니</u> 25 소라와 에스다올 사이 마하네단에서 여호와의 영이 그를 움직이기 시작하셨더라

익숙하지 않고 긴 본문이기 때문에 관찰 결과와 깨달음을 적는 것이 쉽지 않을 수 있다. 그러나 기초적인 것부터 차근차근 연습해 가면 본문의 깊은 의미를 발견할 수 있다. 아래는 필자가 본문을 처음 읽으면서 관찰 내용과 질문 및 깨달음을 적은 것이다.

1) 관찰 내용과 질문

- 1-2절에서 마노아의 아내는 불임이라는 어려움을 겪고 있다. 블레셋의 압제로 나라도 어려운데 개인의 삶도 어렵다.
- 5-7절에 언급된 하나님께 바쳐진 나실인이란 무엇인가?
- 8절에서 아내의 말을 듣고 왜 마노아는 하나님의 사람이 다시 나타나길 기도하는가?
  또 16절에서 왜 마노아는 여호와의 사자를 알아보지 못

하는가?

- 18절에 언급된 기묘자의 구체적인 뜻은 무엇인가?
- 22절에서 자신의 기도대로 여호와의 사자가 나타났는데 막상 그를 보고 난 후 자신이 죽을 것이라 두려워하는 마노아의 어린아이 같은 모습을 어떻게 보아야 하는가?

2) 깨달음

- 블레셋의 압제에도 이스라엘 백성은 하나님께 부르짖지 않는다. 사사기 말 영적 감각이 사라지니 위기의식도 없어졌다. 영적 감각의 소멸은 위기의식의 소멸과 기도 부재의 결과를 낳는다.
- 마노아는 그의 아내와 비교할 때 아이 같고 믿음도 없어 보인다. 그래도 아내 덕분에 하나님의 약속을 받고, 죽을 것이라는 두려움도 극복한다. 하나님은 사사기 시대에도 지금도 믿음과 지혜의 여성을 귀하게 사용하신다.
- 마노아는 어찌 보면 어린아이 같다. 아이처럼 놀라고 두려워하며 계속 질문한다. 그런데 하나님께서 이런 마노아의 모습을 탓하지 않으신다. 알려 주시고 은혜를 주신다. 때론 어린아이와 같은 사람이 놀라운 하나님의 은혜를 경험할 때가 있다.

본문을 읽고 관찰 결과와 깨달음을 정리했다면 이제 본문을 연구할 차례다. 적절한 본문 연구는 묵상의 깊이를 더해 준다. 더불어 현재적 의미 발견을 위한 연관성 작업을 위한 중요한 토대가 된다.

본문 연구:
확인과 확장의 과정

본문을 충분히 읽었다면 이제 본문을 연구해야 한다. 본문 연구를 통해 자신이 묵상하며 깨달은 것이 올바른 것인지를 '확인'할 수 있다. 동시에 성경을 읽으며 적어 두었던 질문에 답을 찾기 위해 연구하면서 본문의 이해를 '확장'시킬 수 있다. 성경 본문을 연구하는 방법은 다양하다. 그러나 묵상자는 다음과 같은 최소 다섯 과정을 거치는 것이 좋다. 즉 1) 본문의 근접 및 전체문맥 살피기, 2) 단어 살피기, 3) 문법 살피기, 4) 배경 살피기, 5) 본문 해석과 신학 살피기가 그것이다. 이 다섯 과정이 무엇인지 살펴보기 전에 본문 연구를 위해 필요한 책들이 무엇인지 잠시 살펴보자.

본문 연구를 위한
참고 도서

본문 연구를 위해 갖추어야 할 참고 도서가 있다. 신학적 논쟁과 지나치게 이론적인 주석들은 오히려 묵상에 방해가 될 수 있다. 빠르게 성경 각 권의 흐름을 파악하게 하면서, 중요한 구절에 대해 적절하게 설명해 주는 책들이 필요하다. 어떤 책이 좋은지를 결정하는 절대 기준은 없다. 자신의 수준에 맞는 참고 도서를 구입하면 된다. 무엇을 구입해야 할지 막막하다면 아래와 같이 쉬우면서도 실제적인 책과 주석이 도움이 될 것이다.

- 성경사전: 본문에 등장하는 중요 단어 연구를 위해 필요
  《새성경사전》(New Bible Dictionary): 기독교문서선교회, 기독교문서선교회(CLC)
  《비전성경사전》: 하용조, 두란노

- 스터디 바이블: 성경 각 권의 흐름과 내용의 빠른 파악을 위해 필요

《ESV 스터디 바이블》: 크로스웨이 ESV 스터디 바이블 편집팀, 부흥과개혁사

《NIV 스터디 바이블》: 존더반 NIV 스터디 바이블 편집팀, 부흥과개혁사

• 성경주석: 본문의 내용을 심도 있게 파악하기 위해 필요

《HOW주석》: 목회와 신학 편집부, 두란노

《BST주석》(Bible Speaks Today): 존 스토트, 에드먼드 클라우니 등, IVP

위에서 소개한 책과 주석을 다 구입할 필요는 없다. 스터디 바이블 혹은 주석 한 권으로도 깊은 묵상을 충분히 할 수 있다. 한 가지 주의할 점은 인터넷 자료를 너무 신뢰하지 말라는 것이다. 잘못된 정보가 너무 많다. 심지어 이단들이 올려놓은 자료도 많다. 검증되고 권위 있는 자료들을 사용해야 바른 묵상을 할 수 있다. 이제 위의 책들을 활용해서 실제적으로 어떻게 본문 연구를 하는지 살펴보자.

✔*check*_____

- **본문 연구의 이유**: 확인과 확장을 위해
- **본문 확인과 확장을 위한 다섯 과정**

  1) 본문의 근접 및 전체 문맥 살피기

  2) 단어 살피기

  3) 문법 살피기

  4) 배경 살피기

  5) 본문 해석과 신학적 메시지 살피기

본문 연구
실습

사사기 13장을 통해 본문 연구를 실습해 보자. 앞에서 본문을 읽으며 적은 관찰 결과와 질문을 토대로 다음 순서로 차분히 연구하면 된다.

1) 본문의 근접 및 전체 문맥 살피기

흔히 숲과 나무의 비유로 전체 속에서 부분을 파악하는 것의 중요성을 강조한다. 이제 자신이 선택한 본문이라는 나무가 문맥이라는 숲에서 어떤 위치에 있는지 확인해 보라. 본문의 근접 문맥(immediate context)은 본문이 속해 있는 바로 앞뒤의 성경 문맥을 말한다. 전체 문맥(broad context)은 본문이 속한 책 혹은 성경 전체에서 위치와 그것이 갖고 있는 의미를 말한다. 본문의 근접 문맥을 가장 쉽고 확실하게 확인하는 방법이 있다. 내용을 잘 분석하고 그에 따라 표제어를 달아둔《스터디 바이블》등과 같은 좋은 성경을 사용해 본문의 앞뒤 표제어를 확인하는 것이다. 근접 문맥과 더불어 전체 문맥을 동시에 확인하는 가장 쉬운 방법은 주석서 앞에 나와 있는 책의 전체 내용 분석을 확인해 보는 것이다.

사사기 13장의 근접 문맥을 살펴보자.[6] 본문의 바로 앞 12장 후반부(8-15절)에는 아홉 번째 사사 입산, 열 번째 사사 엘론, 열한 번째 사사 압돈의 이야기가 나온다. 이 세 명은 소사사로 간략하게만 기록되어 있다. 본문의 뒤 14-16장까지는 삼손의 이야기가 길게 기록되어 있다. 다음으로 본문을 전체 문맥에서 살펴보자. 본문은 이스라엘 역사에서 가장 영적으로 혼란스러웠던 사사 시대(대략 주전 1398-1051까지 약 350년의 시기)를 배경으로 하고 있다. 사사기에서 삼손은 열한 번째로 등장하는 마지막 사사다. 본문은 삼손 이야기의 서론 격으로 그가 태어난 시대의 영적인 타락과 그 속에서도 자신의 백성을 끝까지 찾아오셔서 구원해 주시는 하나님에 대해 이야기하고 있다.

2) 단어 살피기

본문의 근접 및 전체 문맥을 살펴봄으로 본문이 속한 위치와 대략적인 의미를 파악했다. 이제 세부적으로 살펴보아야 한다.

본문의 세밀한 연구를 위해 처음 해야 할 것은 단어 연구(word study)다. 본문을 읽으면서 의미가 분명하게 파악되지 않았던 단어나, 중요하다고 생각되어 표시한 단어들을 연구하라. 본문이 긴 경우 모든 단어를 살펴볼 수는 없다. 그렇기 때문에 앞에서 언급한 것처럼 여러 번역본을 읽으면서 의미가 확실치 않은 단어, 여러 형태로 번역되어 중요하게 느껴지는 단어들을 표시해 두었다가 그것들을 중심으로 단어 연구를 해야 한다.

단어 연구가 어떤 구체적인 유익을 줄 수 있을까? 첫째, 본문에서 이해하기 어려운 단어의 뜻을 명확히 파악할 수 있다. 간단한 실습으로 사사기 13장에 5-7절에 등장하는 '나실인'에 대해 단어 연구를 해 보자. 이 단어 연구를 통해 잘 알지 못했거나, 모호하게 알고 있었던 나실인의 뜻을 좀 더 깊게 파악해 보자.

⁵ 보라 네가 임신하여 아들을 낳으리니 그의 머리 위에 삭도

를 대지 말라 이 아이는 태에서 나옴으로부터 하나님께 바쳐진 나실인이 됨이라 그가 블레셋 사람의 손에서 이스라엘을 구원하기 시작하리라 하시니 **6** 이에 그 여인이 가서 그의 남편에게 말하여 이르되 하나님의 사람이 내게 오셨는데 그의 모습이 하나님의 사자의 용모 같아서 심히 두려우므로 어디서부터 왔는지를 내가 묻지 못하였고 그도 자기 이름을 내게 이르지 아니하였으며 **7** 그가 내게 이르기를 보라 네가 임신하여 아들을 낳으리니 이제 포도주와 독주를 마시지 말며 어떤 부정한 것도 먹지 말라 이 아이는 태에서부터 그가 죽는 날까지 하나님께 바쳐진 나실인이 됨이라 하더이다 하니라

나실인은 '구별하다'라는 뜻의 히브리어 단어 '나자르'에서 나왔다(민 6장 참조). 나실인은 자신을 세상과 구별하여 하나님께 드린 사람이었다.[7] 나실인 서원은 자발적인 것으로 자신을 하나님께 드리기 원하는 남녀 모두가 서원할 수 있었다. 나실인에게는 세 가지 금지 조항이 주어졌다. 첫째, 포도주와 독주를 마시지 말아야 했다. 둘째, 머리카락을 잘라서는 안 되었다. 셋째, 시체를 가까이해서 자신의 몸을 더럽혀서는 안 되었다. 삼손은 독특하게 어머니 뱃속에서부터 하나님의 뜻에 따라 나실인으로 바쳐졌다. 그러나 슬프게도 삼손은 후에 나실

인의 모든 규정을 어긴다.

위에서 잠시 살펴본 것처럼 나실인이라는 단어 연구를 통해 언어적 기원과 의미 발견을 위한 중요 관련 사항들을 명확하게 알 수 있다. 자연히 본문의 내용을 더 명료하게 알 수 있다. 단어 살피기의 두 번째 유익은 반복되는 단어를 파악해 본문이 강조하고 있는 핵심 주제를 알 수 있다. 성경에서 반복은 의미 없는 중복이 아니라 의미의 강조다. 실례로 본문에서 반복되는 단어와 그 의미를 살펴보자.

8절: 마노아가 여호와께 기도하여 이르되 주여 구하옵나니

11절: 마노아가 일어나 아내를 따라가서 그 사람에게 이르러 그에게 묻되

12절: 마노아가 이르되 … 이 아이를 어떻게 기르며 우리가 그에게 어떻게 행하리이까

17절: 마노아가 또 여호와의 사자에게 말하되 당신의 이름이 무엇이니이까

본문에서 마노아의 반복적인 행동을 나타내는 단어가 있다. '묻고 기도하는 것'이다. 특히 마노아가 여호와의 사자에게 어린아이처럼 끊임없이 질문하는 것이 눈에 띈다. 귀찮을 정도로

여호와의 사자에게 묻는다. 이런 계속되는 질문에 여호와의 사자는 그에게 자세히 답해 준다. 계속 물으며 기도하는 마노아의 모습은 사사기 시대 말 블레셋의 압제 속에서도 자신들의 고통의 원인을 묻지도 않고, 구원해 달라고 기도하지도 않는 이스라엘 백성들과 대조를 이룬다. 본문은 두렵고 이해되지 않는 상황 속에서 어린아이처럼 묻고 기도하는 사람을 하나님이 귀히 보신다는 주제를 반복되는 단어를 통해 나타내고 있다.

 check _____

• **단어 살피기의 유익**
  1) 본문에서 이해하기 어려운 단어의 뜻을 명확히 파악할 수 있음
  2) 본문이 강조하고 있는 핵심 주제를 알 수 있음

3) 문법 살피기

본문의 단어 연구를 마쳤다면 이제 문법 연구(grammatical study)를 해 보자. 보통 우리는 '문법'이라는 말을 들으면 딱딱하고 힘들 것 같은 느낌을 갖는다. 너무 어렵게 생각하지 말고 할 수 있는 만큼 간단하게 하면 된다. 본문의 문법 살피기는 본문의 시제(tense), 수(number), 태(voice), 격(case), 용례(usage), 문장구문(syntax) 등을 살펴보는 것이다. 단어 살피기와 더불

어 문법 연구는 본문을 세밀하게 분석하고 정확한 의미를 찾을 수 있도록 도와준다. 한걸음 더 나아가 본문의 문법 연구는 묵상자에게 예상치 못한 새로운 통찰을 준다.

한 예를 살펴보자. 사사기 13장은 등장인물의 이름을 명확히 밝힌다. 남자 등장인물의 이름은 '마노아'다. 여호와의 사자도 자신의 이름을 '기묘자'로 밝힌다. 이름이 등장하지 않는 한 인물이 있다. 여자 등장인물로 마노아의 아내다. 마노아의 아내와 관련된 문장을 보면 주어가 이름이 아니라 소유명사 혹은 지시명사인 '그의 아내' 혹은 '그 여자'로 되어 있다. 우리는 아직도 마노아의 아내의 이름이 무엇인지 모른다. 당시는 남성 중심 사회로 여성은 남성보다 낮은 존재로 인식되었다. 그래서 때론 여성은 이름보다는 '-의 아내'로 소개되기도 했다. 마노아의 아내도 같은 경우다. 이 여인이 불임까지 겪고 있으니 심리적으로 신분적으로 더 낮아진 상태였을 것이다. 그러나 하나님은 이 무명의 여인을 돌보신다. 이 여인에게 나타나시고 약속을 주신다. 이 여인을 통해 두려워 떠는 마노아를 안심시키고, 삼손이 태어나게 하신다.

우리도 세상이, 주변 사람이 우리의 이름을 주목하지 않거나 기억하지 못할 때가 있다. 그러나 하나님은 우리의 이름을 아신다. 우리의 이름을 부르시며 찾아오시고 우리의 삶을 인도하신다.

*check*_____

- **문법 살피기**

  본문에 나타난 시제, 수, 태, 격, 용례, 문장구문 등을 살펴보는 것

- **문법 살피기의 유익**

  묵상자에게 본문을 세밀하게 분석하고 정확한 의미를 찾게 해 주며 새로운 통찰을 줌

4) 배경 살피기

이제 본문 연구의 지평을 넓히기 위해 배경 연구(background study)를 할 차례다. 본문의 배경 연구는 본문과 연관되어 있는 시간, 장소, 종교, 문화, 역사 등을 살피는 작업이다. 효과적인 배경 연구를 위해 성경사전, 스터디 바이블, 주석의 배경 관련 부분을 확인하면 된다.

  종종 성경에는 당시 배경을 알지 못하면 바른 의미를 절대 알 수 없는 본문이 있다. 시편 137편은 탄원시로써 유대인들이 바벨론에 포로로 잡혀갔을 때, 고향을 그리워하며 쓴 것이다. 청중들이 그런 역사적 배경을 모른다면 시인의 마음을 절대 느낄 수 없다. 요한복음 4장은 예수님께서 사마리아 여인과 만나셨던 본문인데, 여기서 예수님은 사회적 편견을 산산조각 내신다. 당시 사마리아를 통하면 빠르게 갈 수 있음에도

불구하고 유대인들은 사마리아인들이 싫어서 먼 길로 돌아간다. 이런 사실을 청중들이 모른다면 유대인들의 사회적 편견이 얼마나 심한지를 느낄 수 없다. 이런 배경을 고려하면 사회적 편견을 깨고 상처 입은 영혼을 품으시는 예수님이 얼마나 귀한 분인지 다시 알 수 있다.

이제 사사기 13장의 배경 연구를 해 보자. 배경을 살필 때 먼저 본문 전체에 대한 배경을 빠르게 살펴보고 중요 구절에 대해 배경을 살펴보라. 아래의 두 가지 예를 확인하자.

본문 전체 배경 살펴보기

- 영적 타락 심화: "이스라엘 자손이 다시 여호와의 목전에 악을 행하였으므로 여호와께서 그들을 사십 년 동안 블레셋 사람의 손에 넘겨 주시니라"(1절). 사사기 13장에서 이스라엘의 영적인 상태가 계속 악화되는 것을 본다. 사사기는 이스라엘의 반역 – 이방인의 침략 – 부르짖음과 회개 – 구원이라는 순환적 구도로 이야기가 진행된다.[8] 사사기 전반부에는 이 유형이 잘 나타난다. 그러나 뒤로 갈수록 영적인 타락이 심화되면서 유형의 변화가 일어난다. 블레셋의 침공에도 불구하고 회개의 부르짖음이 전혀 나타나지 않는다. 심지어 고통에 대한 외침도 없다.

이스라엘 백성은 죄와 타락으로 영적 감각을 상실한 상태다.

중요 구절 배경 살펴보기

• 불임: "소라 땅에 단 지파의 가족 중에 마노아라 이름하는 자가 있더라 그의 아내가 임신하지 못하므로 출산하지 못하더니"(2절). 고대 근동에서 불임은 개인과 가족에게 큰 슬픔이었다. 한 여성이 불임인 경우 이혼을 당할 수도 있었다.[9] 임신하여 자녀를 많이 갖는 것이 하나님의 축복으로 여겨졌기에, 불임은 하나님의 주신 벌 혹은 저주로 생각되었다. 본문에서 마노아 부부는 블레셋 침략으로 어려운 시대를 살고 있었는데, 불임으로 개인의 삶까지 어려운 처지였다.

• 기묘자: "여호와의 사자가 그에게 이르되 어찌하여 내 이름을 묻느냐 내 이름은 기묘자라 하니라"(18절). 본문에서 마노아는 자신이 대화하고 있는 존재가 범상치 않음을 알고 그의 이름을 묻는다. 구약에서 이름은 어떤 존재의 특징과 깊이 연결되어 있다. 여호와의 사자는 마노아에게 왜 자신의 이름을 묻느냐고 반문하며 자신을 '기묘자'로 소개한다. '기묘자'에 해당하는 히브리어 '펠리'는 '이해

를 초월한'(beyond understanding, NIV), '놀라운'(wonderful, ESV), '비밀스러운'(secret, KJV)의 뜻을 가지고 있다. 천사의 모습으로 나타나신 하나님은 인간의 이해를 뛰어넘는 놀랍도록 아름다운 존재로 자신을 소개하신다. 마노아에게 왜 이름을 묻느냐고 반문하셨지만 하나님은 기꺼이 자신의 이름으로 당신이 어떤 분인지 알려 주셨다.

 check _____

• **배경 살피기**

　본문과 연관된 시간, 장소, 종교, 문화, 역사 등을 연구하는 작업

• **배경 살피기의 방법**

　1) 본문 전체 배경 살피기

　2) 중요 구절 배경 살피기

5) 본문 해석과 신학적 메시지 파악

이제 지금까지 연구한 것을 가지고 본문을 해석해야 한다. 다시 본문을 천천히 읽으면서 이해가 되지 않았던 부분의 뜻이 무엇인지 해석해 보라. 이 단계에서 좋은 주석을 참고하는 것이 필요하다. 주석들이 본문의 각 구절을 어떻게 해석하고 있는지 확인하라. 자신의 해석이 올바른 것인지, 또 다른 해석의

방향은 없는지 살펴보라. 주석들의 입장이 다른 경우 자신이 연구했던 것을 바탕으로 하나의 해석을 선택하면 된다.

본문의 각 구절을 해석했다면 이제 본문이 전체적으로 무엇을 말하고 있는지 확인해 보자. 이때 본문의 원저자(original author)가 첫 청중(first hearer)에게 어떤 메시지를 전하기 위해 본문을 기록했는지 생각해 보는 것이 도움이 된다. 본문이 전하고자 하는 메시지는 압축된 신학으로 요약된다. 본문의 메시지가 어떤 신학적 메시지를 전하고 있는지 파악하려면 먼저 본문이 속한 책의 신학이 무엇인지 살펴야 한다. 그 후 그 전체적 신학 속에서 본문이 어떤 신학적 메시지를 전하고 있는지 살피면 된다.

이제 사사기 13장의 주용 내용을 해석하고 신학적 메시지를 발견해 보자. 사사기는 참된 왕이 없어 이스라엘이 각각 자신의 소견대로 행하며 점점 영적으로 타락해 가는 모습을 적나라하게 보여 준다. 타락은 시간이 지날수록 심화된다. 13장은 외세의 침략과 압제 속에서도 하나님께 부르짖으며 회개하지 않는 이스라엘 백성의 영적인 타락에 대해서 말하고 있다. 동시에 본문은 이런 이스라엘 백성과 대조되는 마노아 가정의 이야기를 소개한다.

마노아와 그의 아내는 자신을 찾아온 여호와의 사자 앞에

때론 두렵고 떨리지만 어린아이처럼 정직하게 묻고 기도한다. 그런 그에게 여호와의 사자는 자신의 이름이 기묘자임을 알려 준다. 생각지도 못했던 아들의 출생에 대해 말해 주고 그가 나실인이 될 것을 알려 주신다. 본문에서 하나님은 인간의 이해를 뛰어넘는 기묘자로 등장하신다. 이 기묘자 하나님을 어린 아이같이 순수한 마노아 가정이 경험한다. 하나님이 징계해도 두려워하지 않는 이스라엘보다는 하나님 앞에서 떠는 마노아, 아무것도 묻지 않고 기도하지 않는 이스라엘보다는 아이처럼 묻고 기도하는 마노아가 인간의 이해를 초월하는 기묘자 하나님을 경험한다.

사사기 전체는 이스라엘의 진정한 왕은 인간이 아니라 여호와라는 거시적인 신학적 메시지를 전한다.[10] 우리의 참된 왕이신 여호와의 자비와 능력은 영원하다. 비록 이스라엘은 우상을 숭배하고 이방인과 동화되어 살아가지만 여호와께서는 그의 백성을 포기하지 않으신다. 그들이 회개할 때 그들을 구원하신다.

13장은 사사기의 이런 전체적 신학을 토대로 하나님께서 어떻게 전쟁이라는 불행의 시대에 불임이라는 아픔까지 겪고 있는 한 가정을 돌보시고 그들을 통해 구원자를 예배하시는지 생생하게 보여 준다. 역경의 시대와 삶의 무게에 눌린 개인까지 잊지 않고 돌보신다는 미시적인 신학적 메시지가 따뜻하게 흐르고 있는 것이다.

check_____

• 본문 해석과 신학적 메시지 파악의 방법

  1) 본문의 각 구절의 뜻 파악

  2) 본문이 전체적으로 무엇을 말하고 있는지 파악

  3) 본문이 속한 책의 전체 신학이 무엇인지 파악

  4) 전체 신학 속에서 본문이 말하고 있는 신학적 메시지 파악

지금까지 본문 중심의 묵상 첫 단계인 본문 읽기와 연구에 대해서 알아보았다. 이제 두 번째 단계로 본문과 우리 시대를 연결하는 연관성을 어떻게 발견할 수 있는지 알아보자.

본문과 오늘의 삶을 연결하라

과거 본문과 현재 삶을 연결하는 다리 놓기

성경 본문을 선택한 후 여러 번 읽고 연구했다. 이제 다음 단계로 본문과 우리 삶을 연결하는 작업을 해야 한다. 이것을 연관성 발견이라고 한다. 본문을 연구한 후에 성급하게 바로 현재의 삶에 적용해서는 안 된다. 본문을 자연스럽게 오늘날로 연관시킨 후에 적절한 적용점을 찾을 수 있다. 후에 살펴보겠지만 자연스러운 연관이 적절한 적용을 이끈다. 이번 장에서는 본문 중심의 말씀 묵상 두 번째 단계로 어떻게 연관성을 발견해서 과거 본문을 현재 우리 삶과 연결하는지 알아보자.

연관성이란

연관성(relevance)을 놓는 것은 성경이라는 오랜 시간을 거쳐 온 텍스트를 오늘날의 상황과 연결시키는 작업(relating work)을 말한다.[11] 좋은 묵상은 현대를 사는 우리가 몇 천 년 전에 쓰인 본문을 묵상해야 하는 이유와, 과거의 본문이 우리의 삶과 어떻게 연관되는지를 보여 준다.

존 스토트(John Stott)는 이 연관 작업을 성경 시대와 현대 시대의 두 세계를 다리로 연결하는 작업(bridge-building of be-tween two worlds)이라는 탁월한 비유를 통해 설명했다.[12] 묵상자가 본문의 의미를 아무리 잘 파악해 전달해도 그것이 어떻게 오늘날의 삶과 연결되는지 깨닫지 못하면 묵상은 힘을 잃는다. 그러므로 묵상자는 성경의 세계와 오늘날의 세계 중간에서 연관성이라는 다리를 놓음으로써 의미와 진리가 소통되는 것을 경험해야 한다.

묵상자가 연관성을 찾기 위해 노력하는 것은 결코 세속적 커뮤니케이션 기법을 도입하려는 것이 아니다. 곧 살펴보겠지만 성경을 오늘날 시대에 맞게 연관시키려는 우리의 노력 이전에 이미 성경 자체가 모든 시대를 초월한 연관성의 특징을 가지고 있다.

연관성은 과거 본문과 현재 삶의 의미 연결 통로다.

성경에 나타난 연관 작업의 한 예를 살펴보자. 바울은 그 당시 수고하는 사역자들이 마땅히 대가를 받아야 한다는 점을 다음과 같이 강조한다. "성경에 일렀으되 곡식을 밟아 떠는 소의 입에 망을 씌우지 말라 하였고 또 일꾼이 그 삯을 받는 것은 마땅하다 하였느니라"(딤전 5:18). 자세히 살펴보면 바울은 신명기 25장 4절을 사용해 일하는 소가 밟아 떠는 곡식의 일부를 먹을 수 있는 것처럼, 하나님의 일을 하는 사역자들이 삯을 받는 것이 마땅하다고 말하고 있다.

여기서 바울이 구약의 말씀을 가지고 자신의 시대와 연관시키는 것을 볼 수 있다. 재미있는 것은 바울이 당시의 사역자를 신명기의 소와 연관한 점이다. 사역자가 받아야 할 삯은 소가 먹는 곡식으로 연관한다. 바울은 이 연관을 통해 주인을 위해 일하는 소가 밟아 떠는 곡식을 먹을 수 있는 것처럼, 하나님의 일을 하는 사역자가 삯을 받을 권리가 있다는 것을 강조한다. 바울이 사용했던 연관의 흐름을 도식으로 정리해 보면 다음과 같다.

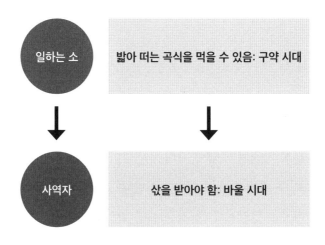

일하는 소 | 밟아 떠는 곡식을 먹을 수 있음: 구약 시대

사역자 | 삯을 받아야 함: 바울 시대

　바울의 연관 작업이 분명하게 이해된다. 바울은 유대인들이라면 당연히 알고 있을 신명기의 말씀을 당시 사역자들의 상황과 연관해서 자신의 메시지로 전하고 있다. 잠시 살펴본 것처럼 성경 자체에 이미 모든 시대를 진리로 연결하는 연관성이 있다. 그러므로 성경 안에 이미 내재되어 있는 연관성을 인식하고, 그것을 바탕으로 본문의 의미를 오늘날에 적합하게 연결하는 노력은 지극히 성경적이고 마땅히 해야 할 묵상 과정이다.

연관성의
두 토대

본문의 시대와 지금의 시대가 긴밀하게 연결될 수 있는 연관
성의 두 가지 토대가 있다. 첫 번째 토대는 죄의 문제를 안고
살아가는 인간이다. 성경 시대를 살았던 사람들이나, 오늘날
을 살아가는 사람들이나 동일하게 죄의 문제에 직면해 있다.
두 번째 토대는 죄에 빠진 인간을 구원하시고, 은혜를 베푸시
는 하나님이시다. 아담의 타락 이후 그분은 인간이 죄의 결과
로 죽어가도록 그냥 두시지 않으신다. 구원을 계획하시고, 예
수 그리스도의 십자가를 통해 구원하셨으며, 성령님의 사역을
통해 구원과 은혜의 길을 전 세대에 걸쳐 이어가신다. 이 두 가
지 이유 때문에 본문과 우리 시대는 결코 분리될 수 없다. 이
두 토대의 관계를 그림으로 나타내면 다음과 같다.[13]

연관성의 두 토대, 즉 죄에 빠진 인간과 구원자 하나님을 기
반으로 연관성을 놓을 때 본문과 오늘날의 삶이 자연스럽게
연결된다. 이 때 두 가지 구체적인 연관 작업의 기술이 필요하
다. '원리화 과정'과 '대상화 과정'이 바로 그것이다.[14]

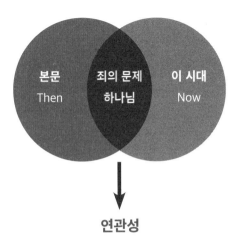

연관성

〈그림 2: 연관성의 두 토대〉

 check

- **연관성의 두 토대**

  1) 죄의 문제를 안고 살아가는 인간

  2) 죄에 빠진 인간을 구원하시고, 은혜를 베푸시는 하나님

- **구체적 연관 기술**

  1) 원리화 과정

  2) 대상화 과정

1) 원리화 과정

원리화 과정(Principlizing Process)이란 본문 연구를 통해 발견된 내용을 오늘을 사는 우리가 동일하게 받아들일 수 있는 '영적인 원리로 바꾸는 것'을 말한다. 최근의 학자들은 종종 이 원리화의 과정을 거치는 것을 과거의 세계에서 현재의 세계로 이어진 다리를 건너는 것으로 표현한다.[15] 보편적 원리를 통해 과거에서 현재로 이동해야 한다는 점을 강조하는 것이다.

영적 원리화 과정에서 가장 중요한 것은 본문과 오늘날을 연결해 줄 '영적 원리'(spiritual principle)를 발견하는 것이다. 원리화 과정의 결과물은 '영적 원리를 담은 문장'이다. 즉 본문에서 영적 원리를 발견하고, 그것을 현재형의 한 문장으로 만들면 영적 원리화 과정이 끝난다. 영적 원리화 과정과 그 결과가 어떻게 한 문장으로 만들어졌는지 예를 통해 살펴보자.

• 본문: 여호수아 1장 1-9절

여호와의 종 모세가 죽은 후에 여호와께서 모세의 수종자 눈의 아들 여호수아에게 말씀하여 이르시되…이 율법책을 네 입에서 떠나지 말게 하며 주야로 그것을 묵상하여 그 안에 기록된 대로 다 지켜 행하라 그리하면 네 길이 평탄하게 될 것이며 네가 형통하리라 내가 네게 명령한 것이 아니냐 강하고 담

대하라 두려워하지 말며 놀라지 말라 네가 어디로 가든지 네 하나님 여호와가 너와 함께 하느니라 하시니라

• 본문의 내용:
하나님은 새로운 지도자 여호수아에게 하나님의 약속과 말씀을 붙잡고 강하고 담대하게 이스라엘을 가나안으로 인도하라고 말씀하신다.

• 영적 원리의 문장:
하나님은 우리를 새로운 지도자로 세우시고 하나님의 약속과 말씀을 붙잡고 맡겨진 사람들을 하나님이 원하시는 방향으로 이끌라고 하신다.

본문의 내용은 하나님께서 여호수아에게 말씀하시는 것이다. 즉 과거의 사건이며, 여호수아에게 중요한 의미가 있는 말씀이다. 그러나 영적 원리를 담은 문장을 보면 본문의 내용이 오늘 우리에게 주어진 내용으로 바뀐 것을 볼 수 있다. 여호수아에게뿐만 아니라 우리에게 중요한 영적 원칙으로 연결한 것이다. 이렇게 영적 원리화 과정을 수행하면 본문의 의미가 과거 시간을 넘어 오늘날의 의미로 다가온다.

원리화 과정을 통해 발견된 불변의 영적 원리로 본문과 현시대를 연결하면 넓은 범위의 '일반적 연관'이 이루어진다. 즉 특정 대상이 아니라 모든 사람이 받아들일 수 있는 의미 연결이 이루어지는 것이다. 그러므로 영적 원리를 담은 문장에서 '우리'라는 일반 대명사를 사용한다. 특정 사람이 아닌 우리 모두에게 적용되는 영적 원리로 연결한 것이다. 어떻게 이런 보편적 적용이 가능한가? 앞에서 말한 것처럼 우리가 묵상하게 될 본문에서 발생한 죄의 문제가 한 개인의 문제를 넘어 '우리' 인류 전체의 문제이기 때문이다. 동시에 창세로부터 지금까지 죄로 죽어 가는 '우리'에게 하나님께서 시대를 초월해 구원을 베푸셨기 때문이다. 원리화 과정이 이렇게 넓은 범위의 연관성을 확보해 주기 때문에 모든 사람이 본문으로 연결된다. 반면 연관의 범위가 너무 넓으므로 다른 사람 이야기처럼 들릴 수 있다. 그러므로 아래에서 살펴볼 좁은 범위의 연관인 '구체적 연관'이 필요하다.

2) 대상화 과정

원리화 과정을 통해서 모든 사람에게 적용될 수 있는 영적인 원칙을 발견했다면 이제 그것이 현시대의 어떤 사람에게 구체적으로 해당되는지 생각해야 한다. 이런 구체적인 연관을 할 때 필요한 것이 대상화 과정(Targeting Process)이다.[16] 이 과정은 원리화 과정을 통해 발견된 영적 원리가 어떤 대상에게 지금도 어떻게 일어나고 있는지를 살피는 과정이다. 구체적인 방법으로는 본문에 나타난 사람과 오늘날의 사람이 어떤 공통점이 있는지를 살피고 양쪽을 연결하는 작업이다.

앞의 본문, 여호수아 1장 1-9절을 통해 구체적인 대상화 과정의 실례를 살펴보자. 앞에서 살펴본 것처럼 본문과 오늘을 이어 주는 영적인 원칙은 다음과 같다.

"하나님은 우리를 새로운 지도자로 세우시고 하나님의 약속과 말씀을 붙잡고 맡겨진 사람들을 하나님이 원하시는 방향으로 이끌라고 하신다."

본문은 하나님이 여호수아에게 말씀하신 내용인데 영적 원리화 과정으로 대상을 '우리'라고 바꾸었다. 그렇다면 우리는 구체적으로 어떤 대상이 될 수 있는가? 영적 원리를 담은 문장의 '우리'에 해당되는 대상을 구체적으로 생각해 보자는 것이다. 가능한 몇 가지 대상을 제시하자면 다음과 같다.

• **본문**: 여호수아에게

• **원리화 과정**: 우리에게

• **대상화 과정**: 다음과 같은 특정 '사람'에게

① 신임 당회장에게:

전임 지도자가 없다는 공통점을 지닌다.

담임목회자 위임과 관련된 묵상이 가능할 것이다.

② 새로 임명받은 지도자들에게:

여호수아처럼 새롭게 지도자로 세워졌다는 공통점을 지닌다.

연관 대상이 특정 그룹으로 정해진다. 새 지도자로 세워져 섬기는 헌신에 관한 묵상이 적합한 설정이다.

③ 중대한 책임을 맡은 자에게:

여호수아처럼 하나님께 어떤 사명을 받았다는 공통점을 지닌다.

연관 대상이 앞보다 확대되었다. 자신이 무엇인가 중요한 일을 맡아 이끌어 갈 책임이 있다고 생각하는 사람들이 모두 묵상할 수 있는 내용이 된다.

본문의 사람을 오늘날의 사람으로 연결할 때 기본적으로 각 개인을 대상으로 하는 것이 첫 출발점이다. 그러나 개인뿐 아니라 가정, 교회, 사회와 같은 큰 대상까지 염두에 두어야 한다. 이때 본문 자체가 허락하는 범위에서 오늘날의 대상으로 연결하는 것이 중요하다. 너무 엄격한 기준으로 연관 대상을

잡을 때 묵상 범위가 좁아질 수 있다. 반대로 본문과 상관없이 연관 대상을 확대하면 묵상 범위가 지나치게 확대되어 부자연스럽게 될 수 있다.

본문에 등장하는 인물을 오늘날의 연관 대상으로 바꿨다면, 이제 본문의 상황을 오늘날로 연결할 차례다. 본문의 나타난 상황은 무엇인가? 하나님께서 여호수아에게 나타나 강하고 담대하게 약속의 땅을 차지하라는 것이다. 더 구체적으로 말하면 이스라엘 백성을 가나안으로 인도하라는 것이다. 앞에서 살펴본 것처럼 영적인 원리화 과정을 통해 본문의 상황을 아래와 같이 바꾸었다.

"하나님은 우리를 새로운 지도자로 세우시고 하나님의 약속과 말씀을 붙잡고 <u>맡겨진 사람들을 하나님이 원하시는 방향으로 이끌라</u>고 하신다."

이제 원리화 과정의 상황이 오늘날 앞에서 설정한 대상에 의해 어떤 상황으로 연결될 수 있을지 생각해 보자. 앞에서 설정한 대상과 연결해 가능한 몇 가지 상황을 제시해 보면 다음과 같다.

• **본문**: 이스라엘을 가나안으로 인도하라.

• **원리화 과정**: 맡겨진 사람들을 하나님이 원하시는 방향으로

이끌라.

- **대상화 과정**: 특정 대상의 '상황'을 다음과 같이 이끌라.
① (신임 당회장)…자신의 교회를 하나님의 축복이 있는 곳으로 만들라.
② (새로 임명받은 지도자)…자신이 맡은 교회의 소그룹원들을 하나님이 약속하신 모습으로 성장시키라.
③ (중대한 책임을 맡은 자)…가정, 교회, 직장을 하나님이 계획하고 원하시는 모습에 이르게 하라.

대상화 과정에서 본문의 사람을 오늘날의 대상으로 연결할 때 범위를 잘 조절해야 한다. 지금 영화를 상영하기 위해 영상 프로젝터를 다루고 있다고 생각하라. 프로젝터의 초점을 너무 좁게 맞추면 화면은 선명한데 너무 작은 영상이 나온다. 반대로 초점을 너무 넓게 맞추면 화면은 큰데 선명도가 떨어진다.

대상화의 작업은 영상 프로젝터의 초점을 맞추는 것과 유사하다. 너무 엄격한 기준으로 대상을 잡을 때 묵상의 범위가 지나치게 좁아질 수 있다. 반대로 본문과 상관없이 대상을 확대하면 묵상의 범위가 모호해지거나 부자연스럽게 될 수 있다.

대상화 작업을 할 때 너무 좁지도, 너무 넓지도 않게 적절한 범위에서 사람과 상황을 연결해야 한다. 적절한 대상화 과정은 현재 삶을 바탕으로 아주 구체적인 연관을 하기 때문에 본문의 상황을 자신의 것으로 받아들일 수 있게 된다.

check

・**효과적 연관 작업을 위한 두 과정**

　1) 원리화 과정: 본문과 오늘날을 연결해 줄 불변의 영적 원리를
　　 발견해서 본문과 현재를 연결하는 과정

　2) 대상화 과정: 원리화 과정을 통해 발견된 영적 원리가 어떤 대
　　 상에게 지금도 일어나고 있는지를 보여 주는 과정

사사기 13장의
연관 작업을 위한 두 과정

이제 앞에서 배운 두 과정을 통해 사사기 13장의 연관 작업을 실습해 보자. 첫 단계로 본문의 내용을 오늘을 사는 우리가 동일하게 받아들일 수 있는 원리로 바꾸는 작업을 해 보자.

1) 원리화 과정

• **본문의 내용:**

마노아와 그의 아내는 자신을 찾아온 여호와의 사자 앞에 두렵고 떨리지만 어린아이처럼 정직하게 묻고 기도한다. 그런 그들에게 여호와의 사자가 나타나 자신이 기묘자임을 알려 주고 아들을 갖게 하신다.

• **영적 원리의 문장:**

하나님은 어려운 시대와 개인의 문제 속에서 우리가 어린아이처럼 정직하게 묻고 기도할 때 찾아오셔서 당신의 놀라운 역사를 경험하게 하신다.

사사기 13장은 하나님께서 암울한 시대와 개인의 고통 속에 빠져 있는 마노아 가정에게 찾아오시고 행하신 일이다. 과거의 사건인데 원리화 과정을 거치면서 본문의 내용이 오늘 우리에게 주어진 영적 원리로 바뀐 것을 볼 수 있다. 이제 이 원리를 오늘날의 구체적 사람과 상황으로 연결하는 대상화 작업을 해 보자.

2) 대상화 과정

대상화 과정을 위해서 원리화 과정에서 '우리'라고 표현된 사람이 구체적으로 어떤 대상이 될 수 있는지 생각해야 한다. 다음과 같은 대상을 선정할 수 있을 것이다.

- **본문**: 마노아와 그의 아내에게

- **원리화 과정**: '우리'에게

- **대상화 과정**: 다음과 같은 '특정 대상'에게
① 마노아의 가족처럼 어려운 시대와 가정의 아픔 속에 있는 가족에게
② 마노아의 아내처럼 잘 알려지지 않는 여성 성도에게
③ 어린아이 같은 마노아처럼 두려움도 많고 상황도 잘 판단하지 못하는 성도에게

대상화의 첫 과정으로 본문에 등장하는 인물을 오늘날의 구체적 연관 대상으로 바꿨다. 이제 대상화의 두 번째 과정으로 본문의 상황이 오늘날 어떤 구체적 상황에 해당하는지 생각해 보면 된다. 앞에서 살펴본 것처럼 본문의 상황을 아래와 같은

영적 원칙으로 바꾸었다.

"하나님은 어려운 시대와 개인의 문제 속에서 우리가 <u>어린</u> <u>아이처럼 정직하게 묻고 기도할 때</u> 찾아오셔서 당신의 놀라운 역사를 경험하게 하신다."

이제 위의 상황이 앞에서 설정한 대상에 의해 어떤 구체적 상황으로 연결될 수 있을지 생각해 보자. 앞에서 설정한 대상과 연결해 가능한 몇 가지 구체적 상황을 제시하면 다음과 같다.

• **원리화 과정**: 어린아이처럼 정직하게 묻고 따를 때

• **대상화 과정**: 특정 대상의 '상황'을 다음과 같이 이끌 때
① (어려운 시대와 가정의 아픔 속에 있는 가족이)···하나님 앞에 기도할 때
② (이름 없는 여성 성도가)···믿음과 지혜로 남편을 세울 때
③ (두려움도 많고 상황도 잘 판단하지 못하는 성도가)···순수하게 기도하며 하나님을 따를 때

    ↘

하나님은 찾아오셔서 당신의 놀라운 역사를 경험하게 하신다.

연관 작업을 위한 구체적 기법으로 원리화 과정과 대상화

과정에 대해 알아보았다. 연관성 발견을 위한 작업이 복잡해 보이고 용어가 어렵게 느껴질 수 있다. 그런 경우 본문과 오늘날의 공통성을 바탕으로 본문의 사람이 오늘 누구에게 해당하는지 생각해 보라. 또한 본문에서 벌어진 상황이 오늘날 어떻게 동일하게 나타나는지 생각하라. 계속 강조했던 것처럼 연관 작업이 가능한 것은 본문의 시대와 지금의 시대에 존재하는 불변의 공통점이 있기 때문이다. 그렇기 때문에 연관 작업을 할 때 본문에 나타난 원래의 상황과 현대 수용자의 상황 사이에 지속적이고 중요하게 겹쳐지는 부분(overlap)을 찾는 것에 주력하면 된다.[17]

사사기 13장의
연관 작업 실례

이제 사사기 13장의 마노아와 그 아내의 이야기가 우리의 현재 삶과 어떻게 연결되는지 살펴보자. 연관 작업을 통해 정리된 내용들은 밑줄로 표시해 두었다.

1) 어려운 시대에 개인의 문제까지 가진 마노아의 가정을 오늘날로 연결

사사기의 암울한 시기에 한 가족이 등장한다. 마노아의 가정에는 아이가 없다. 마노아의 아내가 불임의 상태였기 때문이다. 시대도 어려운데 이 여인이 겪고 있는 개인적 상황도 어렵다. 오늘날도 마노아의 가정과 같은 처지에 있는 사람들이 우리 주변에 있는 것을 본다. 불확실성과 경쟁이 최고로 고조된 어려운 시대 속에서 심각한 가정의 문제를 안고 사는 가정들이 있다. 빛은 없고 암흑 같은 하루하루를 보내는 가정들이 있다.

2) 하나님이 이 시대도 믿음과 지혜의 여인을 사용하신다는 사실로 연결

마노아의 이름은 알려지지 않았다. 이름 모를 여인이다. 그녀는 어려운 시대에 태어나 불임이라는 인생의 고통까지 겪었다. 그러나 그녀는 자신에게 나타난 여호와의 사자의 예언을 믿음으로 받았다. 자신에게 나타난 여호와의 사자를 남편에게 소개했다. 남편이 이적을 보고 두려워 떨 때 지혜로운 말로 남편을 안심시켰다. 하나님은 이 여인을 귀히 보셨다. 오늘날도 하나님은 믿음과 지혜를 가진 여인을 귀히 보신다. 하나님은 지금도 이런 여인들을 통해 남편과 아이들과 교회를 세운다. 여인을 빛나게 하는 많은 것이 있지만 그 중에 가장 중요한 것은 그때나 지금이나 믿음과 지혜다.

3) 하나님은 여전히 어린아이처럼 묻고 기도하는 자에게 은혜를 주신다는 사실로 연결

본문에서 마노아는 묻지 않는 이스라엘, 하나님을 두려워하지 않는 이스라엘, 하나님께 예배하지 않는 이스라엘의 모습과 대조적인 모습을 보였다. 그는 순박하고 어린아이와 같다. 그저 아이처럼 하나님께 묻고 기도했다. 그때 기묘자 하나님이 찾아오셨다. 본문의 하나님이 오늘 우리가 믿고 따르는 동일한 하나님이시다. 하나님은 너무 똑똑해서 그분께 묻지 않는 사람보다, 어리숙해도 정직하게 묻는 사람에게 당신의 뜻을 알려 주신다. 하나님 앞에 겁 없이 목을 빳빳이 드는 사람보다, 두려워서 겸손히 엎드리는 사람에게 당신의 놀라운 역사를 베푸신다.

적절한 연관 작업이
효과적 적용을 부른다

본문과 오늘날의 삶이 어떻게 연결되는지 정확한 연관성을 발견하면 본문은 더 이상 '그때'(then)의 이야기가 아니라 '지금'(now)의 이야기로 다가온다. 연관 작업이 중요한 또 한 가지의 이유가 있다. 적절한 연관 작업은 효과적인 적용을 찾을 수 있게 한다. 반대로 적절한 연관 작업 없이 성급하게 적용을 찾으려는 경우 본문과는 전혀 다른 적용이 나온다.

올바른 연관 작업이 이루어지면 자연스러운 적용이 가능하다는 것을 꼭 기억해야 한다. 이런 의미에서 연관 작업은 '자연스러운 적용으로 가는 길'이라 할 수 있다. 로빈슨도 "오늘날의 사람들과 본문의 사람들에 대한 관계를 세밀히 파악할수록 정확한 적용점을 찾을 수 있다"고 말하며 적절한 연관 작업이 효과적인 적용의 토대가 된다는 사실을 강조했다.[18] 본문이 연관 작업 후에 어떻게 적용으로 흘러가는지를 도표를 통해 정리하면 다음과 같다.[19]

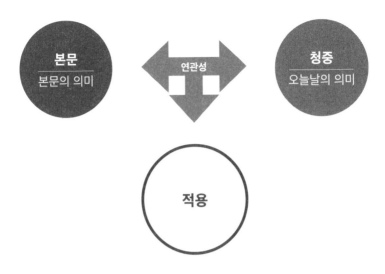

〈그림 3: 연관성과 적용의 관계〉

　　지금까지 본문과 우리가 살아가는 시대를 연결하는 연관 작업에 대해서 알아보았다. 연관성을 발견하면 이제 삶의 구체적 실천을 위한 적용점을 찾아야 한다. 적용점을 발견하면 묵상의 세 요소를 모두 갖추는 것이다. 다음 단계에서 적용에 대해 집중적으로 알아보자.

실천을 위한 적용점을 찾으라

우리 삶의 변화를 위한 방향과 방법을 찾기

성경은 말씀이 실제적 행동으로 나타나도록 성도들에게 '원칙'으로서의 적용과 '구체적 행동'으로서의 적용을 함께 제시한다. 본문을 묵상할 때 일반적 적용을 할 것인지, 구체적 적용을 할 것인지 결정해야 한다. 때론 일반적 적용으로 마음에 새기고, 때론 구체적 적용으로 실천하면 된다. 일반적 적용과 구체적 적용이 조화를 이룰 때 묵상을 통해 삶에 변화가 일어난다.

적용의
중요성

적용(application)은 본문에서 얻어진 영적 원칙을 구체적 실천 방법들로 제시하는 것이다.[20] 성경은 거듭 말씀을 듣고 깨닫는 것에서 끝나지 말아야 함을 강조한다. 야고보는 말씀을 듣고 행하지 않는 자는 자신을 속이는 자라고 말한다. "너희는 말씀을 행하는 자가 되고 듣기만 하여 자신을 속이는 자가 되지 말라"(약 1:22). 야고보는 말씀의 들음이 말씀의 행함으로까지 이어져야 한다고 강조한다. 이 구절에 따르면 묵상자는 말씀을 읽고 깨닫는 것으로 끝나지 말고 구체적인 행동으로 실천해야 한다.

바울도 빌립보 교인들에게 배우고 듣고 본 바를 행하라고 말했다. "너희는 내게 배우고 받고 듣고 본 바를 행하라 그리하면 평강의 하나님이 너희와 함께 계시리라"(빌 4:9). 바울은 자신에게 배우고 자신의 삶을 직접 본 빌립보 교인들이 진정한 영적 성장에 이르길 원했다. 그 성장은 행함을 통해서 이루어지는 것이었다. 바울은 성도들이 귀와 눈으로 가르침 받은 것을 행할 때 평강의 하나님이 자신들과 함께 하심을 경험할 수 있다고 확신했다. 어떻게 가르침이 행함으로 이어지게 할 것인가. 깨달음을 넘어 실천을 가능케 하는 것이 바로 적용이다.

한편 성경을 자세히 보면 성경은 말씀이 실제적 행동으로 나타나도록 성도들에게 '원칙'으로서의 적용과 '구체적 행동'으로서의 적용을 함께 제시한다. 예를 들어 하나님은 레위기 19장에서 "네 이웃 사랑하기를 네 자신과 같이 사랑하라"라는 원칙으로서의 적용을 이스라엘 백성에게 말씀하신다(18절). 동시에 그들에게 "네 이웃을 억압하지 말며 착취하지 말며 품꾼의 삯을 아침까지 밤새도록 두지 말며 네 이웃의 피를 흘려 이익을 도모하지 말라"는 구체적인 행동으로서의 적용도 제시하신다(13-16절).

check_____

적용은 본문에서 얻어진 영적 원칙을 구체적 실천 방법들로 제시하는 것

적용의 양대 산맥
GASA

성경에 나타난 적용의 두 가지 형태를 살펴보았다. 본문이 실천적 원칙을 제시하는 것을 '일반적 적용'(GA: general application)이라고 한다. 학자들은 이 일반적 적용을 '넓은 범위의 적용'이라고 부른다. [21] 한편 본문이 아주 구체적인 실천 방법을 제시하는 경우가 있는데 이것을 '구체적 적용'(SA: specific application)이라고 한다. 이 구체적 적용을 '좁은 범위의 적용'이라고도 부른다. [22]

하나의 실례를 살펴보자. 어느 날 한 청년이 예수님께 찾아와 영생에 대해 물었다(마 19:16-22). 무슨 선한 일을 해야 영생을 얻을 수 있느냐는 청년의 질문에 예수님은 계명을 지키라는 원칙적 차원의 적용을 말씀하셨다. 예수님이 일반적 적용을 한 것이다. 예수님의 답에 청년은 자신이 모든 계명을 지켰다고 말하며, 온전히 율법을 지키기 위해 구체적으로 무엇을 더 해야 할지 물었다. 그러자 예수님은 다음과 같은 아주 구체적 행동을 제시하셨다. "네 소유를 팔아 가난한 자들에게 주라 그리하면 하늘에서 보화가 네게 있으리라 그리고 와서 나를 따르라 하시니"(21절). 예수님이 청년에게 두 번째 말씀하신 것은 구체적 적용이다. 이 적용은 매우 구체적 행동 지침이 나타난다. 첫째는 소유를 팔아 가난한 자들에게 주라는 것이었다. 둘째는 그 후에 예수님을 따르라는 것이었다.

우리는 이 본문에서 영생을 얻기 위해 율법을 지키라는 원칙으로서의 일반적 적용과 소유를 팔고 가난한 사람들에게 주고 예수님을 따르라는 세부적 행동으로서의 구체적 적용이 함께 나타나는 것을 본다.

본문을 묵상할 때 일반적 적용을 할 것인지, 구체적 적용을 할 것인지 결정해야 한다. 매번 구체적인 적용을 할 필요는 없다. 구체적인 것이 좋지만 매번 적용이 너무 구체적일 때 그 적용을 지킬 수 없거나 불필요한 심리적 압박감을 느낄 수 있다. 반대로 항상 일반적인 적용만 하면 실천의 방향은 알았으나 정작 아무 행동도 하지 않을 가능성이 있다. 때론 일반적 적용으로 영적 원칙을 마음에 새기면 된다. 때론 구체적 적용으로 그 원칙을 구체적으로 실천하면 된다. 일반적 적용과 구체적 적용이 조화를 이룰 때 묵상을 통해 삶에 변화가 일어난다.

다양하게
적용하기

일반적 적용과 구체적인 적용의 균형을 맞추는 것과 동시에 적용의 영역을 다양화하는 것도 중요하다. 늘 개인적인 적용, 반대로 항상 대사회적인 적용만 할 때 적용의 편향성에 빠질 위험이 있다. 개인적 적용을 기본으로 하되 가정, 교회, 사회, 선교 현장으로 적용의 영역을 다양화해 보자. 아래 그림을 확인하자.[23]

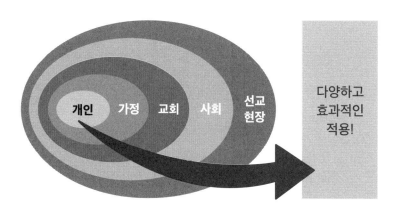

〈그림 4: 적용 영역의 다양화〉

이제 아래의 짧은 본문을 가지고 어떻게 일반적 적용(GA)과 구체적 적용(SA)을 찾을 수 있는지 실습하자. [24]

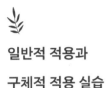

일반적 적용과
구체적 적용 실습

아래 본문을 읽고 가능한 적용이 무엇인지 생각해 보라. 일단 머리에 떠오르는 것을 적으면 된다. 그 후 그것을 일반적 적용과 구체적 적용으로 발전시켜 보자.

> 모든 기도와 간구를 하되 항상 성령 안에서 기도하고 이를 위하여 깨어 구하기를 항상 힘쓰며 여러 성도를 위하여 구하라(엡 6:18).

본문에서 발견할 수 있는 적용점을 정리하면 다음과 같다.

1) 항상 기도하라

말씀에 따르면 기도는 항상 해야 할 것이다. '항상'은 원문에서 '모든 시간'으로 표현되어 있다. 참고로 본문에 헬라어 '파스'가 네 번 등장한다. 우리말 성경은 이 단어를 '모든', '항상', '여러'로 번역했다. 이 강조가 보여 주는 것처럼 기도는 늘, 지속적으로 해야 할 것이다.

2) 성령 안에서 기도하라

기도는 생각이나 감정에 휩싸여 하는 것이 아니라 '성령 안에서' 하는 것이다. 즉 성령의 도우심을 입어, 성령이 이끄는 방향으로 기도해야 한다.

3) 기도하기 위해 깨어 있으라

'깨어'라는 헬라어 단어 '아그뤼프네오'는 단순히 육체적으로만 깨어 있는 것이 아니다. 정신과 마음이 주의를 기울이며 '계속 경계하는 것'(keep alert)을 말한다. 기도하려면 반드시 영적으로 깨어 있어야 한다.

4) 기도하기 위해 애쓰라

기도는 저절로 되는 것이 아니라, 매우 힘써야 하는 것이다. 성령의 도우심을 입어야 하지만, 우리 또한 기도하고자 애를 쓰고 의지를 발휘해야 한다.

5) 여러 성도들을 위해 기도하라

우리의 기도 범위가 넓어져야 한다. 개인적인 범위를 넘어 공동체 구성원들을 위해 기도해야 한다.

한 본문에서 위의 다섯 가지 적용이 너무 많다고 생각되면 가장 중요한 적용 두세 가지를 고르면 된다. 이제 앞에서 살펴본 다섯 가지 적용을 일반적 적용과 구체적 적용으로 발전시켜 보자.

1) 항상 기도하라

일반적 적용(GA): 필요할 때만 간헐적으로 기도하지 말고 지속적으로 기도하자.

구체적 적용(SA): 적어도 일주일에 세 번, 30분 이상씩 꾸준히 기도하자.

2) 성령 안에서 기도하라

GA: 성령님께 의지하며 그분이 원하시는 기도를 드리자.

SA: 성령님 앞에 내 생각과 계획을 내려놓고 기도하며, 매일 그분이 깨닫게 하시는 것을 기도 수첩에 기록하며 기도하자.

3) 기도하기 위해 깨어 있으라

GA: 기도하기 위해 육체적으로 영적으로 깨어 있자.

SA: 불필요한 미디어 사용을 줄이고 일찍 잠자리에 들어 새벽기도회에 참석하자.

4) 기도하기 위해 애쓰라

GA: 기도가 잘 되지 않을 때도 포기하지 않고 의지를 발휘해서 기도하자.

SA: 먼저 불필요한 생활을 정리해 기도 시간을 확보하며, 일단 기도가 시작되면 기도가 깊어질 때까지 인내하며 기도하자.

5) 여러 성도들을 위해 기도하라

GA: 기도의 지경을 넓혀 나를 넘어 성도와 교회를 위해 기도하자.

SA: 함께 활동하는 교회 소그룹원들과 병중에 있는 성도들을 위해 기도하자.

다섯 가지 적용을 일반적 적용과 구체적 적용으로 발전시켰다. 이제 적용의 범위를 다양하게 확대하자. 개인적 적용을 기본으로 하되 가정, 교회, 사회, 선교 현장으로 적용의 영역을 다양화하라. 위에 제시된 세 번째 적용을 가지고 적용의 영역을 다양화시켜 보자.

적용: 기도하기 위해 깨어 있으라

1) 개인

일반적 적용(GA): 기도하기 위해 육체적으로 영적으로 깨어 있어야 한다.

구체적 적용(SA): 불필요한 미디어 사용을 줄이고 일찍 잠자리에 들어 새벽기도회에 참석한다.

2) 가정

GA: 가정이 함께 영적으로 깨어 기도할 수 있도록 서로 돕는다.

SA: 부모는 자녀들을 위해 새벽이나 저녁에 기도하고, 아이들은 잠에서 깰 때와 잠자리에 들 때 기도하도록 훈련한다.

3) 교회

GA: 교회가 성도들이 깨어 기도할 수 있도록 영적, 실제
적 분위기를 만든다.

SA: 다가오는 특별새벽기도회에 온 교회가 깨어 집중적
으로 기도한다.

4) 사회

GA: 한국사회에 만연된 계층 간 갈등과 구조적 죄악이 사
라지도록 깨어 기도한다.

SA: 매주 금요심야기도회 때 한국사회의 영적, 도덕적 각
성을 위해 함께 기도한다.

5) 선교 현장

GA: 영적 전투가 가장 치열하게 벌어지고 있는 선교 현장
을 위해 기도한다.

SA: 매월 셋째 주에 있는 선교기도회에 참석해 선교사들
을 위해 기도한다.

위에서 살펴본 것처럼 적용의 범위에 따라 적용의 폭과 방
법이 다양하게 바뀌는 것을 볼 수 있다. 본문의 내용을 먼저 파

악하고 개인적 적용점이 무엇인지 생각하라. 그 후 본문의 내용이 가정에서 선교 현장까지 공동체적 차원에서 어떻게 적용될 수 있는지 고민해 보라. 이런 과정을 거칠 때 개인적 차원과 공동체적 차원을 아우르는 균형 있는 적용을 발견할 수 있다.

check _____

- **적용의 두 종류**: 일반적 적용, 구체적 적용
- **다양한 적용을 위한 영역**: 개인, 가정, 교회, 사회, 선교 현장

사사기 13장의
적용 실례

이제 사사기 13장에서 어떻게 일반적 적용과 구체적 적용을 찾을 수 있는지 살펴보자. 또한 어떻게 적용의 영역을 다양하게 할 수 있는지도 살펴보자. 지면 관계상 본문의 대표적인 부분을 택해서 본문의 내용을 파악하고 연관성을 발견한 후 어떻게 다양하게 적용점을 찾을 수 있는지 실습하고자 한다.

본문의

내용 파악

    8절: 마노아가 여호와께 기도하여 이르되 주여 구하옵나니

   11절: 마노아가 일어나 아내를 따라가서 그 사람에게 이르
       러 그에게 묻되

   12절: 마노아가 이르되…이 아이를 어떻게 기르며 우리가 그
       에게 어떻게 행하리이까

   17절: 마노아가 또 여호와의 사자에게 말하되 당신의 이름
       이 무엇이니이까

    본문에서 마노아는 반복적으로 여호와의 사자에게 묻고 기
도한다. 어린아이처럼 끊임없이 질문한다. 귀찮을 정도로 여
호와의 사자에게 묻는다. 이런 계속되는 질문에 여호와의 사
자는 그에게 자세히 답해 준다. 계속 물으며 기도하는 마노아
의 모습은 사사기 시대 말 블레셋의 압제 속에서도 고통의 원
인을 묻지도 않고, 구원해 달라고 기도하지도 않는 이스라엘
백성과 대조를 이룬다. 하나님은 어린아이처럼 묻고 기도하
는 마노아에게 약속을 주시고 때가 되어 마노아의 가정은 아

이를 갖게 된다.

연관성 발견

하나님은 너무 똑똑해서 자신께 묻지 않는 사람보다 어리숙해
도 정직하게 묻는 사람에게 당신의 뜻을 알려 주시고 약속을
주신다. 하나님 앞에 겁 없이 사는 사람보다 두려워서 겸손히
엎드리는 사람에게 당신의 놀라운 역사를 베푸신다.

적용점 찾기

- 가능한 적용: 우리의 지식과 경험을 내세우기보다 하나
  님 앞에 겸손하게 묻고 기도한다.

- 영역에 따른 다양한 적용

1) 개인

일반적 적용(GA): 내 지식과 경험을 내려놓고 하나님께 묻고 기도한다.

구체적 적용(SA): 공부나 일을 하기 전 아무리 바빠도 먼저 기도한다.

2) 가정

GA: 가정의 중요한 순간 부모와 자녀가 함께 기도하는 전통을 세운다.

SA: 부모는 특별새벽기도회에 참석한다. 아이들에게 부서에서 진행되는 기도 훈련에 참가하도록 격려한다.

3) 교회

GA: 교회가 중요한 방향을 결정할 때 틀에 박힌 전통이나 몇몇 사람의 의견에 영향을 받아서는 안 된다. 교회가 함께 기도하며 결정해야 한다.

SA: 6개월 뒤에 있을 교회의 중요한 의결을 위해 소속 부서에서 2주간 연속 금식기도표를 작성하고 함께 기도한다.

4) 사회

GA: 직장에서 다음 달에 시작할 프로젝트를 위한 자료 조사
와 계획 수립이 진행되고 있다. 신앙인으로서 회사와
부서가 바르고 지혜롭게 진행할 수 있도록 기도한다.

SA: 매주 화요일에 모이는 신우회에서 기도 제목을 알리
고 함께 기도할 것을 요청한다.

5) 선교 현장

GA: 지금까지 해 왔던 선교 방식을 존중하되 더 좋은 방법
으로 선교지를 섬길 수 있는 길을 찾도록 기도한다.

SA: 11월 한 달 동안 선교사님께 구체적인 기도 제목을 받
고 교회가 함께 기도하면서 새롭고 효과적인 선교의
길을 찾는다.

지금까지 어떻게 본문에서 적용점을 찾는지 살펴보았다.
본문의 의미와 연관성을 발견한 후 적용점까지 찾아야 삶의
변화를 일으키는 묵상이 될 수 있다. 적용점을 찾고 말씀을 구
체적으로 살아낼 때 묵상은 우리 삶의 가장 강력한 힘이 된다.
이제 4단계에서 본문의 내용, 연관성, 적용을 어떻게 다양한
묵상문으로 작성할 수 있는지 살펴보자.

4단계

발견하고 깨달은 것을 기록하라
묵상의 결과와 결심을 묵상 노트로 남기기

묵상을 다양한 방식의 글로 남기면 우리가 하나님과 말씀을 통해 어떻게 친밀한 교제를 가져왔고 성장했는지를 개인의 역사로 남길 수 있다. 효과적인 묵상 기록을 위해 반드시 지켜야 할 정해진 방식은 없다. 여기서는 크게 개요 형태, 요약 형태, 완전 형태로 나누어 소개한다.

묵상 기록의

중요성과 방식

묵상을 통해 배우고 깨닫고 결심한 것을 기록으로 남기는 것은 매우 중요하다. 조셉 드리스킬(Joseph D. Driskill)은 우리가 말씀을 묵상하고 지속적으로 묵상 노트를 기록할 때 그것은 "한 개인이 하나님과 만난 기록"이 될 수 있다고 말한다.[25] 실제로 묵상을 다양한 방식의 글로 남기면 우리가 하나님과 말씀을 통해 어떻게 친밀한 교제를 가져왔고 성장했는지를 개인의 역사로 남길 수 있다.

묵상 기록이 중요한 또 하나의 이유는 그것이 효과적인 묵상 나눔에 도움이 되기 때문이다. 우리가 잘 아는 것처럼 공동체에서 서로의 말씀 묵상을 나누면 신앙에 큰 유익이 된다. 바울은 우리 안에 말씀이 풍성히 넘칠 때 서로 가르치고 세우며 하나님을 찬양할 수 있다고 말한다. "그리스도의 말씀이 너희 속에 풍성히 거하여 모든 지혜로 피차 가르치며 권면하고 시와 찬미와 신령한 노래를 부르며 감사하는 마음으로 하나님을 찬양하고"(골 3:16). 대면 나눔을 위해 묵상을 기록해 두면 중요한 내용을 잊어버리지 않을 수 있다. 또한 묵상 내용을 정연하게 나눌 수 있다. 대면 나눔의 경우가 아닌 온라인에서 자신의 깨달음을 나눌 때도 묵상 기록은 도움이 된다. 잘 정리된 묵상 기록이 있다면 전체 혹은 부분을 온라인에 올려 자신이 받은 은혜를 나눌 수 있기 때문이다.

효과적인 묵상 기록을 위해 반드시 지켜야 할 정해진 방식은 없다. 각자 자신에게 맞게 다양한 방식으로 기록하면 된다. 이제 몇 가지 가능한 방식을 살펴보자. 편의상 묵상 기록의 분량에 따라 크게 세 가지로 분류하고 아래와 같이 이름을 붙였다.

개요 형태의
묵상 기록(outline style writing)

이것은 묵상을 통해 발견하고 깨달은 것을 간단한 개요 형태로 적는 방식이다. 본문의 내용, 연관성, 적용의 내용을 각각 두세 개 정도만 간단하게 적으면 된다. 본문의 여러 내용 중에서 본인이 가장 중요하다고 생각되는 것을 적으면 된다. 어떤 형태로 묵상을 적든지 한 가지 중요한 것이 있다. 기도문을 남기라는 것이다. 우리가 깨닫고 결심한 것을 절대 우리 힘으로 실천할 수 없다. 성령 하나님께서 도와주셔야 한다. 이것을 인정하며 겸손함과 간절함이 담긴 기도문을 기록의 마지막에 남기라. 이제 사사기 13장을 개요 형태로 기록한 실례를 살펴보자.

본문의 내용

- 블레셋이 이스라엘을 40년 동안 압제하지만 이스라엘은 하나님께 부르짖지 않는다(1절).
- 마노아는 어린아이처럼 계속 여호와의 사자에게 묻고 기도해 기묘자 하나님을 경험한다(8, 11, 12, 17절).

연관성

- 인생의 고통과 어려움 앞에서도 하나님을 찾고 부르짖지 않는 것은 심각한 영적 질병에 걸린 것이다.
- 인생의 힘든 시간에 하나님께 어린아이처럼 묻고 기도할 때 놀라우신 하나님의 은혜를 경험할 수 있다.

적용

- 내 지식과 경험이 아니라 겸손한 기도로 하나님의 놀라우심을 경험하는 하루를 살자.
- 하루를 시작하고 마칠 때 하나님의 도우심을 구하는 기로를 드리자.

기도

하나님, 인생의 폭풍 속에 내 힘과 지식이 아닌 기도하며 인도함 받아 당신의 은혜로 살게 하소서.

개요 형태 묵상 기록의 가장 큰 장점은 빠른 시간에 기록할 수 있다는 점이다. 익숙해지면 20-30분 안에 본문을 묵상하고 간단한 기록으로 남길 수 있다. 반면 너무 간략한 개요 형태이기 때문에 본문의 내용을 많이 담을 수 없다는 단점이 있다. 이런 단점을 보완하면서 적절한 시간에 어느 정도 묵상의 내용을 기록하기 원한다면 다음 방법으로 제시되는 요약 형태의 묵상 기록을 시도하자.

요약 형태의
묵상 기록(summary style writing)

요약 형태의 묵상 기록은 개요 형태의 기록보다 두세 배 정도 많은 분량으로 본문의 내용, 연관, 적용을 기록하는 것이다. 묵상하면서 자신이 가장 중요하게 생각되는 내용을 너무 짧은 문장이 아닌 요약적 방식으로 적으면 된다. 묵상 기록에서 본문의 내용, 연관, 적용의 정해진 기록 비율은 없다. 본인이 원

하는 비율로 하면 된다. 대략 본문의 내용을 약 50-60%, 연관
과 적용을 약 40-50% 비율로 하면 균형 잡힌 묵상 기록이 된
다. 요약 형태의 묵상 기록을 쉽고 효율적으로 하는 방법은 일
단 개요 형태로 두세 문장을 쓰고, 거기에 본문의 내용을 첨가
해 살을 붙이는 것이다. 사사기 13장의 개요 형태를 발전시킨
요약 형태의 묵상 기록의 한 예는 다음과 같다.

본문의 내용

　이스라엘이 다시 하나님 앞에 악행을 저지른다. 이에 하나
님은 블레셋이 이스라엘을 40년 동안 압제하게 하신다(1절).
이 기간은 지금껏 등장한 이방인들의 억압 중에 가장 긴 시간
이다. 그런데 놀랍게도 이 고통 중에도 이스라엘이 여호와께
부르짖었다는 말이 없다. 이스라엘이 고통 가운데서도 깨닫지
못하고, 하나님을 찾지 않는다.

　이런 이스라엘의 모습과 대조적인 인물이 등장하는데 그의
이름은 마노아다. 본문에서 마노아는 믿음도 부족하고, 영적
인 분별력도 부족한 것 같다. 그래도 그는 계속 어린아이처럼
여호와의 사자에게 묻고 기도한다. "마노아가 여호와께 기도
하여 이르되 주여 구하옵나니 주께서 보내셨던 하나님의 사람
을 우리에게 다시 오게 하사 우리가 그 낳을 아이에게 어떻게

행할지를 우리에게 가르치게 하소서 하니"(8절). 하나님은 이런 마노아의 물음에 답해 주시고 그의 기도에 응답해 주신다. 결국 마노아와 그의 아내는 자신을 찾아오시고 약속하시며 놀라운 일을 행하시는 하나님을 경험한다.

연관성

본문의 이스라엘처럼 하나님이 주신 고통인데 깨닫지 못하고, 그 고통 중에도 부르짖지 않는 것은 심각한 영적 질병에 걸린 것이다. 하나님은 본문의 이스라엘 백성처럼 징계와 고난 가운데서도 당신께 묻지 않는 사람을 기뻐하시지 않는다. 어리숙해도 정직하게 묻는 사람에게 찾아오시고 기꺼이 당신의 뜻을 알려 주신다. 지식이 별로 없고 두려워 떨기도 하지만 하나님께 매달려 묻고 기도하는 자에게 은혜와 놀라운 역사를 베푸신다.

적용

지금 내 삶의 어려움이 하나님의 길에서 벗어났기 때문에 겪고 있는 것이 아닌지 돌아보자. 만약 하나님을 떠난 나를 돌이키기 위해 그분이 이 고난을 주셨다면 지금 엎드려 회개하자. 나를 부르시는 하나님 아버지 앞에 내 생각 내 경험을 다 내려놓고 나의 죄됨과 부족함을 솔직히 고백해야 한다. 다음 주에 있을 특별새벽기도회를 통해 나를 돌아보고 회복되길 소망한다.

기도

하나님, 이 시련의 시간에 다시 당신 앞에 섭니다. 저의 부족함을 깨닫고 간절히 부르짖길 원합니다. 어린아이처럼 묻고 기도하는 마노아의 모습이 내 모습이 되게 하소서. 저를 고치시고 놀랍게 역사하시는 하나님을 경험하게 하소서.

요약 형태 묵상 기록의 장점은 본문의 핵심 내용을 잡으면서 어느 정도 묵상 분량을 확보할 수 있는 것이다. 요약 형태의 묵상 기록은 30-40분 정도의 시간이 필요하다. 요약 형태의 묵상 기록을 위한 시간을 확보하지 못하는 경우 일단 개요 형태의 본문 기록을 하고 후에 요약 형태로 발전시키면 된다. 혹은 개요 형태의 본문 기록을 기본으로 하되 일주일에 한두 번 정도 요약 형태의 묵상 기록을 도전해 보자. 묵상의 깊이가 더해질 것이다.

완전 형태의
묵상 기록(full manuscript style)

마지막 방법은 묵상 내용의 전체를 기록하는 완전 형태의 기록이다. 이 기록 방법은 본문의 내용을 전반적으로 다루기 때문에 앞의 두 방법에 비해 분량이 가장 많다. 자연히 시간도 많이 소요되는데 대략 한 시간 혹은 한 시간 반 정도가 필요하다. 묵상반을 인도하는 리더 혹은 묵상을 바탕으로 후에 성경공부 교재를 만들기 원하는 교사들에게 추천하고 싶은 방법이다. 또한 묵상이 바탕된 깊은 설교를 하기 원하는 목회자들에게 적합한 방법이다. 본문, 연관성, 적용의 비율은 요약 형태의 묵상과 같이 본문의 내용과 연관·적용을 반반 정도로 기록하면 된다. 내용을 적을 때는 앞의 두 방법처럼 본문, 연관성, 적용으로 구분해서 기록한다.

완전 형태로 묵상을 기록할 때 특정 방식에 묶일 필요가 없다. 묵상의 내용이 가장 잘 드러나고 보기에도 멋지며 자신이 기록하기에 편한 형식을 사용하면 된다. 이를 위해 여러 가지 시도를 할 수 있다. 예를 들어 전체 제목을 달면 묵상 내용의 핵심이 잡히면서 뭔가 멋있어진다. 또 본문, 연관성, 적용, 기

도 등의 딱딱한 타이틀을 쉽고 잘 기억되는 것으로 바꾸는 것
도 하나의 방법이다. 예를 들어 본문을 '본문의 내용'으로, 연
관성과 적용을 묶어서 '오늘날의 의미와 적용'으로, 기도를 '마
음의 기도' 등의 타이틀로 바꿔 사용할 수 있다.

　이제 사사기 13장의 완전 형태의 묵상 기록을 살펴보자. 참
고로 적용 부분은 이 책을 읽은 독자들의 상황이 각자 다르기
때문에 구체적 적용보다는 일반적 적용을 사용했다.

완전 형태의 묵상 기록 샘플: 누가 기묘자를 경험하는가?

본문의 내용 삿 13:1-36

이스라엘이 다시 하나님 앞에 악행을 저지른다. 자세히 언급되
지 않아도 우상숭배라는 죄에 빠진 것이다. 하나님은 이에 블
레셋이 이스라엘을 40년 동안 괴롭히게 하신다(1절). 이 기간은
지금껏 등장한 이방인들의 억압 중에 가장 긴 시간이다. 그런
데 놀랍게도 이 고통 중에도 이스라엘이 여호와께 부르짖었다
는 말이 없다. 이스라엘이 고통 가운데서도 깨닫지 못하고, 하
나님을 찾지 않는다. 이렇듯 사사 시대는 뒤로 가면서 점점 암

울한 영적 상황으로 치닫고 있다.

이 암울한 시기에 한 가족이 등장한다. "소라 땅에 단 지파의 가족 중에 마노아라 이름하는 자가 있더라 그의 아내가 임신하지 못하므로 출산하지 못하더니"(2절). 이 부부는 단 지파에 속해있었다. 남자의 이름은 마노아다. 그의 부인의 이름은 알려지지 않았다. 마노아의 아내는 아이를 낳지 못했다. 고대 근동 사회에서 불임은 신이 내린 저주로 여겨졌다. 시대도 어려운데 이 여인이 겪고 있는 개인적 상황, 불임은 그녀에게 더욱 절망감을 주고 있다.

이런 절망의 삶을 살던 중 이 여인의 삶이 완전히 변화되는 사건이 일어난다. 여호와의 사자, 천사가 그녀에게 나타난다. 여호와의 사자는 여인이 임신을 하고 아들을 낳을 것이라고 예언한다. 그 아이는 나실인, 즉 하나님께 바쳐진 사람이 되어 후에 이스라엘을 구원하실 것이라고 말한다. "보라 네가 임신하여 아들을 낳으리니 그의 머리 위에 삭도를 대지 말라 이 아이는 태에서 나옴으로부터 하나님께 바쳐진 나실인이 됨이라 그가 블레셋 사람의 손에서 이스라엘을 구원하기 시작하리라 하시니"(5절).

놀란 여인은 남편에게 달려가 하나님의 사자로부터 들은 이야기를 전한다. 그러나 마노아는 자신의 아내가 들은 이야기를 반신반의한다. 그래서 그는 다시 하나님의 사람을 보내 주셔서 태어날 아이를 어떻게 키워야 할지 가르쳐 달라고 기도한다. "마노아가 여호와께 기도하여 이르되 주여 구하옵나니 주께서 보내셨던 하나님의 사람을 우리에게 다시 오게 하사 우리가 그 낳을 아이에게 어떻게 행할지를 우리에게 가르치게 하소서 하니"(8절).

계속 살펴보겠지만 마노아는 믿음도 부족하고, 영적인 분별력도 부족한 것 같다. 방금 살펴본 마노아의 기도는 의심에서 비롯된 것처럼 느껴진다. 그런데 하나님은 여호와의 사자로 나타나서서 마노아의 기도를 응답해 주신다. "하나님이 마노아의 목소리를 들으시니라…마노아가 이르되 이제 당신의 말씀대로 되기를 원하나이다"(9-12절).

마노아는 자신이 대화하고 있는 존재가 범상치 않음을 알고 그의 이름을 묻는다. 그러자 여호와의 사자는 왜 자신의 이름을 묻느냐고 반문하며 자신을 '기묘자'로 소개한다. "여호와의 사자가 그에게 이르되 어찌하여 내 이름을 묻느냐 내 이름은 기묘자라 하니라"(18절). '기묘자'에 해당하는 히브리어 '펠리'는 '이해를 초월한', '놀라운', '비밀스러운'의 뜻을 가지고 있다. 천사의 모습으로 나타나신 하나님은 인간의 이해를 뛰어넘는 놀랍도록 아름다운 존재로 자신을 소개하신다.

이에 마노아가 염소 새끼와 소제물을 여호와께 드린다. 그때 놀라운 일이 벌어진다. 불꽃이 제단에서부터 하늘로 올라가면서 동시에 여호와의 사자가 그 불꽃에 휩싸여 하늘로 올라간다. "불꽃이 제단에서부터 하늘로 올라가는 동시에 여호와의 사자가 제단 불꽃에 휩싸여 올라간지라 마노아와 그의 아내가 그것을 보고 그들의 얼굴을 땅에 대고 엎드리니라"(20절).

얼마나 놀랐을까. 마노아와 그의 아내는 얼굴을 땅에 대고 엎드린다. 마노아는 자신이 여호와의 사자, 즉 하나님을 보았으니 자신들이 죽게 될 것이라고 두려워한다. 그러자 그의 아내는 여호와께서 우리를 죽이시려면 우리의 번제와 소제를 받지 않으셨을 것이며, 이 놀라운 광경도 보게 하지 않았을 것이라고 말하며 남편을 진정시킨다. "그의 아내가 그에게 이르되 여호와께서 우리를 죽이려 하셨더라면 우리 손에서 번제와 소제를 받지 아니하셨을 것이요 이 모든 일을 보이지 아니하셨을 것이며 이제 이런 말씀도 우리에게 이르지 아니하셨으리이다 하였더라"(23절). 의심 많은 남편, 상황 판단 못하는 남편, 겁 많은 남편에 비하면 마노아의 아내는 믿음이 있고, 영적 분별력이 있는 사람이었다.

이 일 후에 마노아의 아내는 어찌 되었을까. 여호와의 사자의 말대로 아들을 낳았다. 그리고 그의 이름을 '삼손'이라고 짓는다.

오늘날의 의미와 적용

오늘 본문은 삼손의 본격적인 이야기가 시작되기 전에 그의 부모에 대해 이야기하고 있다. 묵상을 통해 다음과 같은 연관성과 적용점을 깨닫는다.

첫째, 부르짖지 않는 것은 영적 질병에 걸린 것이다.

사사기는 일정한 순환 구도가 있다. '이스라엘의 범죄-이방인의 압제-이스라엘의 부르짖음-사사를 세우시고 구원하심-평화'로 순환된다. 그런데 사사기가 뒤로 갈수록 이 부르짖음이 사라진다. 삼손이 태어나기 전 이스라엘은 40년을 블레셋에게 지배 받고 고통 받았지만 부르짖지 않는다. 자신들이 어떤 죄를 범하는지도 모르고, 범죄에 대한 결과로 고난 받는 것도 깨닫지 못한다. 회개하면 회복시킬 것이라는 기대도 갖지 않는다. 그러니 부르짖지 않는다. 분명 심각한 영적 질병에 걸린 것이다.

오늘날도 동일하다. 하나님이 주신 고통인데 깨닫지 못하고, 그 고통 중에도 부르짖지 않는 것은 심각한 영적 질병에 걸린 것이다. 나와 내가 속한 공동체는 지금 어떤 고통을 받고 있는가. 고통 중에도 내가, 우리 가정이, 우리 공동체가 부르짖지 않고 있다면 바로 영적 질병에 걸린 이스라엘이다. 고통 받으면서 시간을 허비하며 멍하게 있지 말아야 한다. 고통의 시간은 기도의 시간이 되어야 한다. 다시 부르짖어야 한다. 그럴 때 고통은 의미가 되고 찬양이 될 것이다.

둘째, 하나님은 믿음과 지혜의 여인을 귀하게 사용하신다.

삼손 아버지의 이름은 마노아다. 그러나 삼손의 어머니의 이름은 알려지지 않았다. 이름 모를 여인이다. 그녀는 어려운 시대에 태어나 불임이라는 인생의 고통까지 겪는다. 그러나 그녀는 자신에게 나타난 하나님의 사자의 예언을 믿음으로 받는다. 자신에게 나타난 여호와의 사자를 남편에게 소개한다. 남편이 이적을 보고 두려워 떨 때 지혜로운 말로 남편을 안심시킨다. 사사 시대라는 어두운 시기에 하나님은 여인들을 귀하게 쓰신다. 앞 장에서 지혜와 용기의 여인 사사 드보라를 쓰셨다. 본문에서 이름을 알 수 없으나 믿음과 지혜가 넘치는 삼손의 어머니를 쓰신다. 이 여인을 통해 삼손이 이 땅에 태어났다.

하나님은 오늘날도 믿음과 지혜의 여인을 귀하게 보신다. 남편에게, 아이에게, 공동체에게 여인은 중요한 존재다. 하나님은 지금도 이런 여인들을 통해 남편과 아이들과 교회를 세운다. 여인을 빛나게 하는 것이 많지만 그 중에 가장 중요한 것은 그때나 지금이나 믿음과 지혜. 우리는 딸들과 아내들과 어머니들이 믿음과 지혜로 자라고 섬기고 끝까지 신실한 인생을 살 수 있도록 기도하고 도와야 한다.

셋째, 하나님은 묻고 기도하는 자에게 기묘자로 나타나신다.

사사 시대는 영적 타락의 극치의 시기였다. 시대도 암울한데 마노아의 가정은 불임이라는 고통까지 겪고 있다. 이 희망이 꺼진 마노아의 가정에 하나님이 찾아오신다. 그 찾아오시는 하나님 앞에 마노아는 정직하게 묻고 기도한다. 본문에서 마노아는 묻지 않는 이스라엘, 하나님을 두려워하지 않는 이스라엘, 하나님께 예배하지 않는 이스라엘의 모습과 대조적인 모습이었다. 순박하고 어린아이와 같다. 그저 아이처럼 하나님께 묻고 기도했다. 그때 기묘자 하나님이 찾아오셨다.

본문의 하나님이 오늘 우리가 믿고 따르는 동일한 하나님이

시다. 하나님은 너무 똑똑해서 그분께 묻지 않는 사람보다, 어리숙해도 정직하게 묻는 사람에게 당신의 뜻을 알려 주신다. 하나님 앞에 겁 없이 목을 빳빳이 드는 사람보다, 두려워서 겸손히 엎드리는 사람에게 당신의 놀라운 역사를 베푸신다.

본문을 보며 깨닫는다. 하나님은 언제, 어떻게, 누구에게 기묘자로 나타나실지 모른다. 오늘 하나님 앞에 어린아이처럼 정직하게 물으며 기도하자. 겸손히 엎드려 도와 달라고 간구하자. 그때 하나님이 우리 삶에, 가정에, 공동체에 기묘자로 놀라운 일을 행하신다. 그렇다면 우리는 내 지혜와 경험을 내려놓고 하나님께 묻는 자가 되어야 한다. 그분께 엎드려 기도하는 자가 되어야 한다. 그때 우리 삶에 기묘자 하나님이 역사하신다.

마음의 기도

하나님, 삶의 고통 앞에 나 자신을 정직하게 돌아보게 하소서. 믿음을 지키기 위해 당하는 시련이라면 견디게 하소서. 그러나 나의 부족함과 죄로 인한 고통이라면 돌이킬 수 있는 용기를 주소서. 나를 창조하시고 이끄시는 하나님 앞에 무슨 고집과 자존심을 찾겠습니까? 교만하고 어리석은 이스라엘 백성이 아니라, 어린아이처럼 묻고 기도하고 매달리는 마노아의 모습이 되게 하소서. 그 때 회복시키시고 놀라운 일을 행하는 살아 계신 하나님을 경험하게 하소서.

check

• **묵상 기록의 종류와 장점:**

1) 개요 형태 묵상 기록: 묵상을 통해 발견하고 깨달은 것을 간단한 개요 형태로 적는 방식으로, 빠르게 묵상의 핵심을 기록할 수 있다.

2) 요약 형태 묵상 기록: 개요 형태에 살을 붙여 묵상의 중요 부분을 요약해 적는 방식으로, 묵상의 내용을 어느 정도 확보하면서 중요 부분을 기록할 수 있다.

3) 완전 형태 묵상 기록: 묵상 내용의 전체를 기록하는 완전 형태의 기록으로, 묵상의 내용을 전체적으로 깊게 기록할 수 있다. 후에 성경공부와 설교로 발전시킬 수 있다.

본문 중심 묵상의
길을 훈련하며
걷다

본문 중심의 말씀 묵상
실습과 실례

이제 마지막으로 묵상을 실습할 시간이다. 우리가 잘 아는 것
처럼 샘플은 분명한 이해를 주고, 실습은 습득의 확실한 기회
를 준다. 이번 장에서는 아래의 세 종류 본문을 실습하며 구체
적인 샘플도 살펴볼 것이다.

- 복음서 본문(샘플 1)
- 삼손 이야기 연속 본문(샘플 2-6)
- 구약과 신약 연결 본문(샘플 7)

실습 후 살펴볼 일곱 개의 묵상 샘플은 앞에서 배운 본문 중
심의 말씀 묵상을 위한 단계들이 어떻게 사용되었는지를 구체
적으로 보여 줄 것이다. 샘플 속에 녹아져 있는 묵상 단계를

파악할 수 있다면 이제 스스로 본문 중심의 묵상을 할 수 있는 가능성이 커진 것이다. 주저하지 말고 묵상 실습을 통해 자신의 본문 중심 묵상을 직접 작성하라. 너무도 놀라운 묵상의 열매가 맺히는 것을 볼 수 있을 것이다.

실습 1: 복음서 본문(눅 23:33-43)

중점 본문 중심 말씀 묵상의 세 요소인 본문의 내용, 연관성, 적용이 균형
있게 포함된 묵상을 실습해 본다.

실습 아래 본문을 읽고 본문에서 발견하고 연구한 것을 '본문의 내용'에 쓰
라. 또한 본문과 오늘날의 연관성과 실천을 위한 적용을 '오늘날의 의
미와 적용'에 쓰라. 그 후 마지막으로 자신의 본문 묵상의 제목과 기
도를 쓰라. 자신의 것과 샘플로 제시된 것을 비교하고 더 발전시킬 부
분이 있으면 추가로 작성하라.

본문 누가복음 23장 33-43절
³³해골이라 하는 곳에 이르러 거기서 예수를 십자가에 못 박고 두 행
악자도 그렇게 하니 하나는 우편에, 하나는 좌편에 있더라 ³⁴이에 예
수께서 이르시되 아버지 저들을 사하여 주옵소서 자기들이 하는 것
을 알지 못함이니이다 하시더라 그들이 그의 옷을 나눠 제비 뽑을새
³⁵백성은 서서 구경하는데 관리들은 비웃어 이르되 저가 남을 구원
하였으니 만일 하나님이 택하신 자 그리스도이면 자신도 구원할지어
다 하고 ³⁶군인들도 희롱하면서 나아와 신 포도주를 주며 ³⁷이르되 네
가 만일 유대인의 왕이면 네가 너를 구원하라 하더라 ³⁸그의 위에 이
는 유대인의 왕이라 쓴 패가 있더라 ³⁹달린 행악자 중 하나는 비방하
여 이르되 네가 그리스도가 아니냐 너와 우리를 구원하라 하되 ⁴⁰하
나는 그 사람을 꾸짖어 이르되 네가 동일한 정죄를 받고서도 하나님

을 두려워하지 아니하느냐 ⁴¹우리는 우리가 행한 일에 상당한 보응을 받는 것이니 이에 당연하거니와 이 사람이 행한 것은 옳지 않은 것이 없느니라 하고 ⁴²이르되 예수여 당신의 나라에 임하실 때에 나를 기억하소서 하니 ⁴³예수께서 이르시되 내가 진실로 네게 이르노니 오늘 네가 나와 함께 낙원에 있으리라 하시니라

제목

본문의 내용

오늘날의 의미와 적용

마음의 기도

본문의 내용 눅 23:33-43

예수님과 두 명의 행악자가 십자가에 못 박힌다. 한 명의 행악 자가 예수님을 비방한다. "네가 그리스도가 아니냐 너와 우리를 구원하라"(39절). 이 행악자가 예수님의 왼쪽에 못 박힌 사람인지 오른쪽의 사람인지는 알 수 없다. 분명한 사실은 한 행악자가 예 수님을 비방한 것이다. 그런데 복음서를 살펴보니 사실 그렇지 않다. 두 행악자 모두 예수님을 비방했다. "함께 십자가에 못 박 힌 강도들도 이와 같이 욕하더라"(마 27:44). "십자가에 못 박힌 자 들도 예수를 욕하더라"(막 15:32). 왜 차이가 나는 것일까.

본문과 다른 복음서의 기록을 보면 상황을 예측할 수 있다. 마 태복음 27장 44절에 따르면 이들은 강도다. 아마도 남의 돈을 빼 앗기 위해 심각한 폭행이나 살인을 저지른 것 같다. 이들은 예 수님과 함께 십자가에 못 박혀 극한 고통 속에 있다. 이때 사람 들은 옷이 벗겨지고 살이 찢겨 못에 박힌 예수님을 향해 조롱과 비방을 하기 시작한다. 보통 사람이라면 공포에 차서 정신을 잃 던지, 자기를 고통과 모멸로 몰아넣은 사람들을 저주했을 것이 다. 그런데 예수님은 의외의 행동을 하신다. "예수께서 이르시되 아버지 저들을 사하여 주옵소서 자기들이 하는 것을 알지 못함이니이다 하시더라"(34절). 예수님은 구경하는 백성들, 비웃는 행인들, 희롱하며 자신을 죽이는 군인들을 용서해 달라고 하나님께 기도하신다.

그 예수님의 모습을 보며 두 강도가 기가 막힌다. 그래서 둘 다 예수님을 욕한다. 그런데도 예수님은 계속 용서의 기도를 드린다. 그러자 한 강도가 기가 막혀 예수님께 화를 퍼부으며 비난한 것 같다. "네가 그리스도가 아니냐 너와 우리를 구원하라." 이 한 강도가 진짜 예수님을 그리스도로 믿어 이런 말을 하는가. 아니다. 비꼬는 말이다. "네가 그리스도라며…. 네 말이 사실이라면 왜 너와 우리를 구하지 않느냐. 너도 우리와 같은 인간에 불과하다. 고상한 척하지 말라"는 것이다.

이렇게 한 강도가 예수님을 비방하고 있는데 어떤 순간 놀랍게도 다른 강도가 무엇인가를 깨달은 것 같다. 자신을 죽이려는 사람들 앞에서도 용서의 기도를 드리는 예수님을 보면서 순간 깨달은 것 같다. '아, 이 분이 보통 분이 아니구나. 진짜 용서를 베푸시는 구원자이시구나!' 그 후 깨달은 그는 예수님을 비방하는 강도를 오히려 꾸짖는다. "하나는 그 사람을 꾸짖어 이르되 네가 동일한 정죄를 받고서도 하나님을 두려워하지 아니하느냐 우리는 우리가 행한 일에 상당한 보응을 받는 것이니 이에 당연하거니와 이 사람이 행한 것은 옳지 않은 것이 없느니라 하고"(40-41절).

이 강도는 완벽하지는 않지만 마지막 죽음의 순간에 순수하고 간절한 마음으로 예수님께 간구한다. "예수여 당신의 나라에 임하실 때에 나를 기억하소서"(42절). 그러자 너무도 큰 고통 속에 계시는 예수님이, 고개조차 가누기 어려운 예수님이, 그 강도를 바라보신다. 그리고 그의 진실한 요청을 들으신다. 마지막 힘을 다해 그를 받아 주시며 약속하신다. "예수께서 이르시되 내가 진실로 네게 이르노니 오늘 네가 나와 함께 낙원에 있으리라"(43절).

오늘날의 의미와 적용

이미 잘 알고 있다고 생각하는 본문을 묵상하면서 다음과 같은 현재 삶으로의 연관성과 적용점을 새롭게 발견한다.

첫째, 예수님 좌우에 못 박힌 강도가 우리의 모습을 나타낸다.
생각해 보면 예수님과 함께 좌우에 못 박힌 강도는 인간의 운명을 나타낸다. 예수님 양 편의 강도가 그들의 죄의 대가를 지고 십자가에서 죽어 가는 것처럼, 우리 모두 우리의 죄를 지고 죽어 갈 운명이다. 성경은 분명히 그렇게 말한다. "모든 사람이 죄를 범하였으매"(롬 3:23). "죄의 삯은 사망이요"(롬 6:23). 본문의 강도처럼 우리도 우리 죄의 대가를 심판받아야 한다. "한 번 죽는 것은 사람에게 정해진 것이요 그 후에는 심판이 있으리니"(히 9:27). 죄 없는 예수님이 아니라, 죄인인 우리가 십자가에 못 박혀야 할 존재다. 그런데 예수님이 우리를 대신해서 십자가에 못 박히셨다. 우리가 한편의 강도처럼 끝까지 예수님을 욕하며 죽을 수 있다. 우리 인생의 마지막까지 바로 옆에 계신 예수님을 비웃으며 불신앙으로 죽을 수 있다. 그러나 다른 편의 강도처럼 과거에 방황하고 악을 행했지만 결정적인 순간에 예수님을 찾고 그분께 안길 수 있다. 그렇다. 예수님과 함께 좌우에 못 박힌 강도가 우리의 운명을 나타낸다.

둘째, 예수님은 부족하지만 진실한 믿음을 받으신다.
한 강도가 죽음의 순간 앞에 턱없이 부족하지만 순수한 믿음을 보인다. 부족하지만 진실한 믿음으로 간절히 예수님께 간구한다. "예수여 당신의 나라에 임하실 때에 나를 기억하소서." 예수님은 극한의 고통 속에서도 그를 받아 주시고 영생을 약속하신다. "오늘 네가 나와 함께 낙원에 있으리라." 부족하지만 진실한 이 강도의 믿음을 받으셨다. 이 예수님이 동일하게 부족하지만 진실하게 나오는 우리를 받으신다.
성경을 많이 알면 좋지만 잘 몰라도 괜찮다. 인생 초반에 예수님을 믿고 고백하면 좋지만 지금도 괜찮다. 인생의 좋은 때에 믿음으로 주님께 나오면 좋지만 지금 절망의 순간에 나와도 괜찮다. 그저 진실한 믿음으로 주님께 나오면 된다. 분명하다. 우리 주님은 부족하지만 진실한 믿음을 받으신다. 구원하시고 약속을 주신다.

셋째, 예수님은 끝가지 나를 기억하신다.

구원받은 강도가 우리는 왼편인지 오른편의 사람인지 모른다. 또 그의 이름도 모른다. 그냥 '달린 행악자 중 하나'라고 되어 있다. 죄를 짓고 죽어 가는 강도에 불과하다. 그러니 우리도 굳이 그의 존재를 자세히 알고 기억할 필요도 없다. 그런데 그런 그를 기억하시는 분이 있다. 죽음의 마지막 순간뿐만 아니라, 죽음 후에도 기억하셨다. 기억하셔서 도저히 그가 갈 수 없는 낙원, 천국에 있게 하셨다. "예수께서 이르시되 내가 진실로 네게 이르노니 오늘 네가 나와 함께 낙원에 있으리라 하시니라." 그분이 누구신가. 우리가 사랑하는 예수님이시다.

세상이 나를 몰라준다고, 기억하지 않는다고 한탄할 필요가 없다. 어차피 세상은 그런 곳이다. 일할 능력이 떨어지고 아프고 병들면 잊는다. 누가 우리를 이 땅에서 기억해 주실까. 누가 우리의 죽음 후에도 영원히 기억해 주실까. 누가 우리가 무서운 심판대에 섰을 때 우리를 기억하시고 죄가 없다고 선언하실까. 바로 예수님이시다. 그렇다면 우리를 쉽게 잊는 세상이 아니라 예수님을 꼭 붙들어야 한다. 삶의 모든 것을 잃을 때에도, 너무 힘든 시간을 지날 때에도 절대 예수님을 놓치지 말아야 한다. 그분만이 우리를 영원히 기억하시기 때문이다. 나도 이제 그 분을 기억하는 인생 되길 원한다.

마음의 기도

주님, 죄로 죽을 수밖에 없는 저를 위해 십자가를 지신 주님을 찬양합니다. 세상은 저를 잊어도 주님은 절대 저를 잊지 않으시는 분임을 압니다. 이제 세상이 아니라 주님을 사랑하게 하소서. 인생의 마지막까지 주님의 손을 잡고 믿음의 길을 가게 하소서. 저를 잊지 않으시는 주님을 저도 절대 잊지 않는 인생 되게 하소서.

실습 2: 삼손 이야기 연속 본문(삿 14:1-9)

중점 본문에 예상하지 못한 내용이 등장할 때 그것을 어떻게 본문의 내용, 연관성, 적용에 반영해 묵상할 수 있는지 실습해 본다.

실습 본문에서 예상치 못한 반전이 일어나는 부분이 어디인지 살펴보고 그것을 '본문의 내용'에 쓰라. 그 내용을 어떻게 '오늘날의 의미와 적용'에 반영할 수 있는지 쓰라. 그 후 마지막으로 자신의 본문 묵상의 제목과 기도를 쓰라. 자신의 것과 샘플로 제시된 것을 비교하고 더 발전시킬 부분이 있으면 추가로 작성하라.

본문 사사기 14장 1-9절

¹삼손이 딤나에 내려가서 거기서 블레셋 사람의 딸들 중에서 한 여자를 보고 ²올라와서 자기 부모에게 말하여 이르되 내가 딤나에서 블레셋 사람의 딸들 중에서 한 여자를 보았사오니 이제 그를 맞이하여 내 아내로 삼게 하소서 하매 ³그의 부모가 그에게 이르되 네 형제들의 딸들 중에나 내 백성 중에 어찌 여자가 없어서 네가 할례 받지 아니한 블레셋 사람에게 가서 아내를 맞으려 하느냐 하니 삼손이 그의 아버지에게 이르되 내가 그 여자를 좋아하오니 나를 위하여 그 여자를 데려오소서 하니라 ⁴그 때에 블레셋 사람이 이스라엘을 다스린 까닭에 삼손이 틈을 타서 블레셋 사람을 치려 함이었으나 그의 부모는 이 일이 여호와께로부터 나온 것인 줄은 알지 못하였더라 ⁵삼손이 그의 부모와 함께 딤나에 내려가 딤나의 포도원에 이른즉 젊은 사자가

그를 보고 소리 지르는지라 [6]여호와의 영이 삼손에게 강하게 임하니 그가 손에 아무것도 없이 그 사자를 염소 새끼를 찢는 것 같이 찢었으나 그는 자기가 행한 일을 부모에게 알리지 아니하였더라 [7]그가 내려가서 그 여자와 말하니 그 여자가 삼손의 눈에 들었더라 [8]얼마 후에 삼손이 그 여자를 맞이하려고 다시 가다가 돌이켜 그 사자의 주검을 본즉 사자의 몸에 벌 떼와 꿀이 있는지라 [9]손으로 그 꿀을 떠서 걸어가며 먹고 그의 부모에게 이르러 그들에게 그것을 드려서 먹게 하였으나 그 꿀을 사자의 몸에서 떠왔다고는 알리지 아니하였더라

제목

본문의 내용

오늘날의 의미와 적용

마음의 기도

본문의 내용 삿 14:1-9

블레셋이 압제하는 어두운 시대에 '작은 태양'이라는 이름의 의미를 가진 삼손이 출생한다. 삼손의 출생은 여러 면에서 기대감을 갖게 한다. 천사가 그의 탄생을 알린다. 모태에서부터 그는 나실인으로 드려진다. 순박한 아버지, 믿음의 어머니 밑에서 자란다. 무엇보다 자라면서 하나님께서 그에게 복을 주시고, 성령이 그의 삶에 임한다(13:25). 삼손이 태어나면서 이스라엘에게 희망이 생기는 것 같다. 기대감이 차오른다. 이 아이가 놀랍게 쓰임 받을 것 같다. 그런데 과연 그럴까.

성인이 된 삼손의 첫 등장의 장면부터 우리는 충격을 받는다. "삼손이 딤나에 내려가서 거기서 블레셋 사람의 딸들 중에서 한 여자를 보고 올라와서 자기 부모에게 말하여 이르되 내가 딤나에서 블레셋 사람의 딸들 중에서 한 여자를 보았사오니 이제 그를 맞이하여 내 아내로 삼게 하소서 하매"(1-2절). 이 구절을 읽으니 당황스럽다. 장성한 삼손이 '딤나'라는 블레셋 지역에 가서 한 여자를 보고 부모에게 결혼하게 해 달라고 한다.

모세의 율법은 이스라엘 사람이 가나안 사람과 결혼하는 것을 금지한다(신 7:3). 그런데 평민도 아닌 나실인으로 하나님께 바쳐진 이스라엘의 사사가 이방 여인과 사랑에 빠지다니…. 말도 안 되는 소리다. 삼손의 부모는 당연히 삼손의 이런 행동을 반대하며 책망한다. "그의 부모가 그에게 이르되 네 형제들의 딸들 중에나 내 백성 중에 어찌 여자가 없어서 네가 할례 받지 아니한 블레셋 사람에게 가서 아내를 맞으려 하느냐 하니"(3절 전반절).

그러나 부모의 반대에도 불구하고 삼손은 물러서지 않는다. 반대하고 책망하는 부모에게 삼손이 한 말을 들어 보면 기가 차다. "삼손이 그의 아버지에게 이르되 내가 그 여자를 좋아하오니 나를 위하여 그 여자를 데려오소서 하니라"(3절 후반절). 아주 명령조로 말한다. 그뿐인가. 그의 말을 자세히 들어 보면 더 염려스럽다. 그가 지금 부모에게 결혼을 주장하는 이유는 단지 자신이 그 여자를 좋아하기 때문이다. 삼손의 말을 문자적 의미로 번역하면 이렇다. "그녀가 내 눈에 보기 좋습니다." 하나님의 율법, 부모님의 생각은 중요치 않다는 것이다. 내 눈에 보기 좋기 때문에 그녀를 아내로 삼아야 한다는 것이다.

자식을 누가 이기랴? 결국 삼손의 부모는 그 여자의 부모를 만나러 딤나로 내려간다(5절). 그런데 좀 묘한 구절이 등장한다. 4절에서 사사기 기자는 이런 삼손의 행동이 여호와께 나온 것이라고 말한다. "그때에 블레셋 사람이 이스라엘을 다스린 까닭에 삼손이 틈을 타서 블레셋 사람을 치려 함이었으나 그의 부모는 이 일이 여호와께로부터 나온 것인 줄은 알지 못하였더라." 그러나 이 구절이 삼손의 행동을 정당화하는 것이 아니다. 단지 결과적으로 볼 때 하나님이 이런 삼손의 행동도 사용하셔서 블레셋을 치셨다는 것이다.

한편 삼손이 딤나의 포도원에 이르렀을 때 이상한 사건이 벌어진다. 젊은 사자가 나타나 그에게 으르렁거리며 위협한다. 그때 여호와의 영이 삼손에게 임해 맨 손으로 사자를 찢어 죽인다. "삼손이 그의 부모와 함께 딤나에 내려가 딤나의 포도원에 이른즉 젊은 사자가 그를 보고 소리 지르는지라 여호와의 영이 삼손에게 강하게 임하니 그가 손에 아무것도 없이 그 사자를 염소 새끼를 찢는 것 같이 찢었으나 그는 자기가 행한 일을 부모에게 알리지 아니하였더라"(5-6절).

성령이 임하자 삼손에게 엄청난 힘이 나타났다. 그러나 그는 성령을 보내 주신 하나님께 감사하지 않는다. 이 중요한 사건을 부모에게 이야기하지도 않는다. 그저 자기 눈에 좋은 여인에게 빨리 가서 희희낙락거리며 이야기를 나누고 싶어 급히 그녀의 집으로 발걸음을 옮긴다. "그가 내려가서 그 여자와 말하니 그 여자가 삼손의 눈에 들었더라"(7절).

삼손이 자신의 눈에 좋은 것을 쫓아다니다가 이제 본격적으로 하나님의 율법을 어기기 시작한다. 늘 그렇듯이 눈으로 시작된 문제는 구체적 행동의 범죄로 이어진다. 어느 날 삼손이 자신이 좋아한 블레셋 여인을 맞이하려고 다시 딤나로 가다가 사자의 시체에 꿀이 있는 것을 본다. 삼손은 꿀을 맛보고, 그것을 부모에게도 준다. 물론 부모에게는 사자 시체에서 꿀을 가지고 온 것이라고 전혀 말하지 않는다(8-9절).

율법은 동물의 시체를 만지는 것을 금한다(레 11:24-25, 39). 그런데 일반인도 아닌 나실인이 동물의 시체를 만지고, 거기서 나온 음식을 먹는다. 뿐만 아니라 부모에게까지 그것을 주어 그들을 부정하게 만든다. 안타깝다. 이런 모습은 우리가 기대했던 삼손의 모습과 전혀 다른 것이다.

오늘날의 의미와 적용

오늘 본문은 성장한 삼손의 첫 모습에 대해서 이야기한다. 그의 모습을 보며 불안함을 느낀다. 불안함 속에서 묵상을 통해 다음과 같은 오늘날과의 연관성과 적용점을 발견한다.

첫째, 내 눈에 좋은 것이 악일 때가 많다.

가만히 생각해 보면 우리 눈에 좋은 것이 대부분 하나님 눈에 악한 것일 때가 많다. 그래서 내 눈에 좋은 것만을 따라 살아갈 때 많은 경우 우리 삶에 악한 것들이 쌓인다. 삼손은 딤나의 여자가 단지 자신의 눈에 보기 좋다는 이유로 결혼하길 원했다. '내 눈에 보기 좋음으로….' 어디서 많이 들어본 것 같다. 사사기 17장 6절, 21장 25절에 나오는 '자기의 소견대로 행하였더라'와 같은 의미다. 결국 삼손은 자기 눈에 좋은 것을 택함으로써 하나님이 주신 나실인의 소명을 깨트리는 악을 행했다.

오늘 본문은 분명히 말한다. 내 눈에 좋으면 다가 아니다. 사실 내 눈에 좋지만 결국 그것이 내 영혼과 삶을 파괴할 때가 얼마나 많은가. 내가 어떻게 보느냐보다, 그것을 하나님이 어떻게 보느냐가 더 중요하다.

말씀은 영혼의 거울이다. 지금 이 시간 말씀으로 나 자신을 살펴보자. 지금 내 눈은 무엇을 보고 있는가. 내가 간절히 갖기 원해 눈을 떼지 못하는 것은 무엇인가. 혹시 하나님의 말씀을 무시한 채 내 눈에 좋을 대로 세상의 것을 추구하고 있지 않은가. 내가 지금 바라보는 것이 삼손이 바라봤던 '딤나의 여인'일 수 있다. 정의롭지 못한 재물, 힘을 과시하기 위한 권력, 내 삶을 망칠 수 있는 쾌락 등, 내 눈을 사로잡을 현대판 딤나의 여인이 우리 주변에 널려 있다. 기억해야 한다. 기준은 내 눈이 아니라, 하나님의 눈이다.

둘째, 내 눈에 좋은 것이 성령의 역사를 깨닫지 못하게 한다.

우리가 내 눈에 좋은 것에 빠져 있을 때, 내 삶에 임한 성령의 역사를 놓치고 만다. 얼마나 안타까운 일인가. 삼손은 자라면서 여호와의 영, 즉 성령을 경험한다(13:25). 그가 성인이 되어 어느 날 딤나로 가던 중 사자를 만나 위험에 빠졌을 때도 성령이 그에게 임한다. 그 결과 사자를 염소 새끼 찢듯 찢는다.

나실인의 사명을 저버린 부족한 그에게 성령이 임하다니, 참으로 놀라운 일이다. 그러나 정작 삼손은 자신에게 임한 성령의 역사에 놀라지 않는다. 성령을 보내 주신 하나님께 감사하지도 않는다. 왜일까? 성령의 역사보다 자신의 눈에 좋은 여자에게 온통 관심이 쏠려 있었기 때문이다. 결국 삼손은 자신의 삶에 일어난 성령 역사의 중요성과 의미를 전혀 깨닫지 못한다.

우리는 성장하면서 성령을 경험한 삼손, 삶의 위기에서 놀라운 힘을 주시는 성령을 경험한 삼손을 부러워할 필요가 없다. 우리 안에 이미 성령님이 계신다. "우리 구주 예수 그리스도로 말미암아 우리에게 그 성령을 풍성히 부어 주사"(딛 3:6). 이 성령께서 우리 안에 충만히 역사하길 원하신다(고전 3:16, 엡 5:18).

그렇다면 우리는 무엇을 해야 하는가. 지금 내 눈에 좋은 것을 내려놓아야 한다. 하나님이 원하시는 것을 따라 살며 부르짖어야 한다. 그때 우리 안에 계신 성령께서 역사하시고, 으르렁거리는 사자처럼 우리 삶을 위협하는 어떤 문제도 능히 이길 수 있다.

셋째, 내 눈에 좋은 것이 성질의 역사를 일으킨다.

좀 웃기고 이상하게 들린다. 그러나 사실이다. 내 눈에 좋은 것을 따라 살면 성령의 역사와 멀어지면서 성질의 역사를 경험한다. 내 안에 성질이 발동하면서 분을 내며 산다. 앞으로 살펴보겠지만 위기 때마다 하나님은 삼손에게 성령을 보내 주신다. 그러나 삼손은 하나님께 감사하거나, 그분께 영광을 돌리지 않는다. 계속 성질을 부리며 살아간다. 본문에서도 삼손은 부모가 자기 눈에 좋은 여자를 반대하자 성질을 부리며 명령하듯 말한다. "그 여자를 데려오소서."

본문을 보며 조용히 묵상해 본다. 나는 왜 분노하는 삼손처럼 성질을 내며 사는 것일까. 우리는 종종 가정에서, 교회에서 무엇인가를 바로 잡겠다는 명분하에 거친 말과 감정을 쏟아낸다. 그러나 많은 경우 아무리 포장해도 내 안에 계신 성령의 역사가 아니다. 솔직히 생각해 보면 내 안에 있는 성질이 역사하고 있는 것이다. 왜 이런 현상이 일어나는가. 내 눈에 좋은 것을 추구하기 때문이다. 그러다 그것을 갖지 못하면 화르르 분노가 일어나는 것이다. 그렇게 또 성질이 역사하는 것이다.

성질이 아니라 성령으로 살아가는 방법은 무엇일까. 내 눈에 좋은 것이 아니라, 하나님의 눈에 좋을 것을 추구하며 살아야 한다. 이제 육신의 눈을 감고 영적인 눈을 떠야 한다. 내 눈에 좋은 것이 아니라, 하나님 눈에 좋은 것을 따라 살아가며 성령의 역사를 경험해야 한다.

마음의 기도

성령님, 제 눈에 좋은 것을 찾아 헤매며 살 때가 많았습니다. 성령님께서 제 안에 계시고 제게 능력 주길 원하시는데 깨닫지 못할 때가 많았습니다. 그래서 성령님의 인도가 아닌 성질을 내며 제 생각대로 살았습니다. 성령님, 저를 불쌍히 여겨 주소서. 제 눈이 아니라 하나님이 보시는 것을 보게 하시고, 그분이 원하시는 길로 가게 하소서. 성령님께서 저를 포기하지 않으시니

저도 포기하지 않게 하소서. 오늘 하루도 당신과 함께 믿음의
길을 걷게 하소서.

실습 3: 삼손 이야기 연속 본문(삿 14:10-20, 15:1-8)

중점 내용이 연결되는 두 본문을 읽고 지속되는 주제로 묵상해 본다.

실습 아래 두 본문을 읽고 어떤 공통된 내용이 연결되는지 살피고 그것을 '본문의 내용'에 쓰라. 또한 두 본문에서 발견한 본문과 오늘날의 연관성과 실천을 위한 적용을 '오늘날의 의미와 적용'에 쓰라. 그 후 마지막으로 자신의 본문 묵상의 제목과 기도를 쓰라. 자신의 것과 샘플로 제시된 것을 비교하고 더 발전시킬 부분이 있으면 추가로 작성하라.

본문 본문 1: 사사기 14장 10-20절
¹⁰ 삼손의 아버지가 여자에게로 내려가매 삼손이 거기서 잔치를 베풀었으니 청년들은 이렇게 행하는 풍속이 있음이더라 ¹¹ 무리가 삼손을 보고 삼십 명을 데려와서 친구를 삼아 그와 함께 하게 한지라 (중략) ¹⁷ 칠일 동안 그들이 잔치할 때 그의 아내가 그 앞에서 울며 그에게 강요함으로 일곱째 날에는 그가 그의 아내에게 수수께끼를 알려 주매 그의 아내가 그것을 자기 백성들에게 알려 주었더라 ¹⁸ 일곱째 날 해 지기 전에 성읍 사람들이 삼손에게 이르되 무엇이 꿀보다 달겠으며 무엇이 사자보다 강하겠느냐 한지라 삼손이 그들에게 이르되 너희가 내 암송아지로 밭 갈지 아니하였더라면 내 수수께끼를 능히 풀지 못하였으리라 하니라 ¹⁹ 여호와의 영이 삼손에게 갑자기 임하시매 삼손이 아스글론에 내려가서 그 곳 사람 삼십 명을 쳐죽이고 노략하여 수수께끼 푼 자들에게 옷을 주고 심히 노하여 그의 아버지의 집으로 올라갔고 ²⁰ 삼손의 아내

는 삼손의 친구였던 그의 친구에게 준 바 되었더라

본문 2: 사사기 15장 1-8절

¹ 얼마 후 밀 거둘 때에 삼손이 염소 새끼를 가지고 그의 아내에게로 찾아 가서 이르되 내가 방에 들어가 내 아내를 보고자 하노라 하니 장인이 들어오지 못하게 하고 ² 이르되 네가 그를 심히 미워하는 줄 알고 그를 네 친구에게 주었노라 그의 동생이 그보다 더 아름답지 아니하냐 청하노니 너는 그를 대신하여 동생을 아내로 맞이하라 하니 ³ 삼손이 그들에게 이르되 이번은 내가 블레셋 사람들을 해할지라도 그들에게 대하여 내게 허물이 없을 것이니라 하고 ⁴ 삼손이 가서 여우 삼백 마리를 붙들어서 그 꼬리와 꼬리를 매고 홰를 가지고 그 두 꼬리 사이에 한 홰를 달고 ⁵ 홰에 불을 붙이고 그것을 블레셋 사람들의 곡식 밭으로 몰아 들여서 곡식 단과 아직 베지 아니한 곡식과 포도원과 감람나무들을 사른지라 ⁶ 블레셋 사람들이 이르되 누가 이 일을 행하였느냐 하니 사람들이 대답하되 딤나 사람의 사위 삼손이니 장인이 삼손의 아내를 빼앗아 그의 친구에게 준 까닭이라 하였더라 블레셋 사람들이 올라가서 그 여인과 그의 아버지를 불사르니라 ⁷ 삼손이 그들에게 이르되 너희가 이같이 행하였은즉 내가 너희에게 원수를 갚고야 말리라 하고 ⁸ 블레셋 사람들의 정강이와 넓적다리를 크게 쳐서 죽이고 내려가서 에담 바위 틈에 머물렀더라

제목

본문의 내용

오늘날의 의미와 적용

마음의 기도

묵상 샘플 3: 신나는 잔치가 분노로 바뀔 때

본문의 내용 삿 14:10-20, 15:1-8

삼손은 끝내 부모를 설득해 블레셋 이방 여인을 아내로 맞이하고 결혼 잔치를 벌인다. "삼손의 아버지가 여자에게로 내려가매 삼손이 거기서 잔치를 베풀었으니 청년들은 이렇게 행하는 풍속이 있음이더라"(14:10). 여기서 '잔치'를 의미하는 히브리어 '미쉬테'는 그냥 잔치가 아니라 술을 마시는 잔치를 의미한다. 삼손은 또다시 나실인이 지켜야 할 규례, '술을 마시지 말라'는 조항을 어긴다. 이쯤 되면 삼손이 율법을 어기고 도대체 어디까지 갈 것인지 그 끝을 예측할 수 없다.

잔치가 벌어지자 신부측은 블레셋 사람 삼십 명을 친구로 초대한다. 술을 마시며 분위기가 많이 올라갔을 것이다. 삼손은 그때 블레셋 사람들에게 수수께끼를 내겠다고 한다. 만약 삼손이 맞추면 베옷 삼십 벌과 겉옷 삼십 벌을 주고, 못 맞추면 그들이 삼손에게 베옷 삼십 벌과 겉옷 삼십 벌을 주기로 내기를 건다(12-13절). 예나 지금이나 게임에 내기를 하면 난리가 난다. 눈이 빨개진다. 이기기 위해 몸을 던진다.

드디어 삼손이 수수께끼를 낸다. "삼손이 그들에게 이르되 먹는 자에게서 먹는 것이 나오고 강한 자에게서 단 것이 나왔느니라"(14절 전반절). 이 수수께끼는 여섯 개의 히브리어 단어로 구성된 매우 간략한 것이다. 함축과 운율이 있는 정밀한 수수께끼다. 본문에서 삼손은 우리가 흔히 생각하는 근육만 있고 머리는 나쁜 남자의 모습이 아니다. 지식도 있고 재치도 있어 보인다.

블레셋 사람들은 사흘이 지났지만 수수께끼를 풀지 못한다. 그들이 삼손의 개인 사건에 기초한 수수께끼의 답을 찾지 못한 것은 당연한 일이다. 이제 블레셋 사람들은 삼십 벌의 옷을 삼손에게 내야 할 지경에 빠진다. 그래서 그들은 삼손의 아내를 협박한다. 답을 말하지 않으면 그녀와 그녀의 아버지의 집안을 불사르겠다고 한다(15절).

겁에 질린 삼손의 아내는 삼손에게 답을 알려달라고 조른다. 그때나 지금이나 여인의 최고 무기는 눈물이다. 삼손은 아내의 눈물 섞인 간청에 못 이겨 그녀에게 답을 말해 준다. 이렇게 협박으로 답을 안 블레셋 사람들은 여유 있고 자신만만하게 삼손에게 답을 이야기 한다. "성읍 사람들이 삼손에게 이르되 무엇이 꿀보다 달겠으며 무엇이 사자보다 강하겠느냐"(18절 전반절).

삼손이 벌어진 상황을 딱 알아차리고 말한다. "삼손이 그들에게 이르되 너희가 내 암송아지로 밭 갈지 아니하였더라면 내 수수께끼를 능히 풀지 못하였으리라 하니라"(18절 후반절). 삼손은 블레셋 사람들이 자신의 아내를 협박해 답을 얻어냈다는 것을 비유로 말한다. 당시 암송아지도 때때로 밭을 갈 때 사용되었다(신 21:3). 그러나 보통 수소를 사용하니 삼손의 말은 자신의 아내를 억지로 힘들게 해서 답을 얻었다는 의미다.

이렇게 언쟁이 오가는데 갑자기 여호와의 영이 삼손에게 임해 블레셋 사람들 삼십 명을 죽인다. 그리고 수수께끼를 푼 자들에게 옷을 준다. "여호와의 영이 삼손에게 갑자기 임하시매 삼손이 아스글론에 내려가서 그 곳 사람 삼십 명을 쳐죽이고 노략하여 수수께끼 푼 자들에게 옷을 주고"(19절). 결과가 참 묘하다. 블레셋 사람들이 수수께끼를 풀어 약속대로 옷을 받는다. 그런데 그 옷이 블레셋 사람들을 죽여서 준 옷이라니…. 사실 삼손이 그들에게 보통 옷을 준 게 아니라 분노와 피로 짠 옷을 준 것이다. 그 후 삼손의 아내는 어떻게 되었을까. 잔치에 참여한 친구들 중 한 명에게 넘겨졌다. "삼손의 아내는 삼손의 친구였던 그의 친구에게 준 바 되었더라"(20절).

이야기가 이렇게 끝나는 것 같다. 그러나 곧 더 놀라운 사건이 벌어진다. 삼손은 분이 가라앉자 자신의 아내를 보러 장인을 찾아간다. 장인은 놀라며 삼손이 자신의 아내가 있던 방에 들어오지 못하게 한다. 장인은 삼손이 자기의 딸을 미워하는 줄 알고 다른 친구에게 주었다고 한다. 그러면서 아내의 동생이 더 아름다우니 그를 아내로 맞이하라고 한다(15:1-2).

지금 삼손의 장인은 모든 잘못을 삼손에게 돌리려고 하는 것 같다. 그리고 삼손이 두려웠는지 자기의 다른 딸을 주겠다고 한다. 화가 난 삼손은 기상천외한 방법으로 블레셋 사람들에게 보복을 한다. "삼손이 가서 여우 삼백 마리를 붙들어서 그 꼬리와 꼬리를 매고 홰를 가지고 그 두 꼬리 사이에 한 홰를 달고 홰에 불을 붙이고 그것을 블레셋 사람들의 곡식 밭으로 몰아 들여서 곡식 단과 아직 베지 아니한 곡식과 포도원과 감람나무들을 사른지라"(4-5절).

놀랍다. 삼손의 머리는 나쁘지 않다. 꾀가 넘친다. 심지어 손도 섬세하다. 여우 삼백 마리의 꼬리를 묶고 거기에 횃불을 붙이다니! 돌진한 여우 특공대에 의해 온 성의 농지가 다 불탄다. 블레셋 사람들은 화가 나서 사건의 배후를 캔다. 그리고 삼손이 사건을 벌인 것임을 안다. 그리고 삼손에게 복수하기는 무서웠던지 삼손의 아내와 그의 아버지를 불살라 죽인다(6절).

가만히 있을 삼손이 아니다. 삼손이 몇 명인지 모르지만 블레셋 사람들의 정강이와 넓적다리를 쳐죽인다. 그제야 분노가 풀린 삼손은 에담 바윗 틈에 머문다. "삼손이 그들에게 이르되 너희가 이같이 행하였은즉 내가 너희에게 원수를 갚고야 말리라 하고 블레셋 사람들의 정강이와 넓적다리를 크게 쳐서 죽이고 내려가서 에담 바위 틈에 머물렀더라"(7-8절).

오늘날의 의미와 적용

오늘 살펴본 두 본문은 '잔치'에서 시작되어 '분노'로 끝난다. 잔치가 분노로 바뀌니 싸움과 복수가 시작된다. 결국 잔치에 함께 앉았던 사람들이 서로 죽이고 죽는 광경으로 끝난다. 이 충격적인 사건을 통해 다음과 같은 두 가지 중요한 영적 교훈을 깨닫는다.

첫째, 세상과 어울리면 분노할 일이 생긴다.

세상은 우리에게 언제나 함께 하자고 한다. 마치 잔치에 초대하듯 함께 먹고 마시며 즐기자고 한다. 그런 세상이 자유롭고 즐거워 보인다. 거기에 있으면 행복해질 것 같다. 과연 그런가. 아니다. 본문은 우리가 세상에 빠져 시간을 보내다 보면 반드시 분노할 일이 생긴다고 말한다. 세상이 그리 호락호락하지 않다. 세상이 뭔가를 쉽게 줄 것 같지만, 결국 내 소중한 것을 빼앗아 갈 때가 많다. 우리가 뒤늦게 상황을 파악하고 분노하지만, 이미 많은 것을 잃은 경우가 대부분이다.

삼손은 자신의 방식으로 아내를 택하고 잔치를 벌이며 세상 친구들과 놀아난다. 그들을 만만하게 보고 수수께끼로 그들의 옷을 빼앗을 수 있다고 생각한다. 그러나 결국 그들에 의해 아내를 빼앗긴다. 치밀어 오르는 분노 때문에 나실인인 그가 사람까지 죽인다. 그의 살인을 하나님의 명령이나 민족을 위한 것으로 생각해서는 안 된다. 자신의 분노를 풀기 위해, 보복하기 위해 한 것이다. 삼손은 세상에서 놀아나다가 이제 나실인으로서의 경건함을 모두 잃어버린다.

말씀으로 나를 돌아본다. 혹시 지금 내 모습이 세상 잔치에 앉아 있는 삼손과 같은 모습은 아닌가. 세상의 분위기에 취해 있고, 세상 사람들과 놀아나는 그런 모습은 아닌가. 즐겁고 자유로운 삶을 살고 있다고 생각하지만, 곧 분노할 일이 생길 것이라 본문은 경고한다. 내 소중한 시간, 건강, 재정, 신앙적 도덕적 가치를 곧 빼앗길 것이라 말한다. 그럼 어떻게 해야 하는가. 지금 나를 잡고 있는 세상 잔치와 사람들 사이에서 벌떡 일어나 나와야 한다. 세상의 품이 아니라, 지금 나를 기다리시는 주님의 품으로 돌아와야 한다. 세상에서 죄와 뒹구는 사람들이 아니라, 나와 함께 믿음의 길을 갈 동역자들과 함께 해야 한다.

둘째, 하나님이 주신 재능을 파괴가 아니라 회복을 위해 써야 한다.

하나님께서 우리에게 주신 재능은 영혼을 회복시키기 위해 주신 것이다. 그러나 우리의 재능이 가족과 주위 사람들에게 상처를 주는 파괴적 방식으로 쓰일 때가 얼마나 많은가. 똑똑한 지식으로 다른 사람을 판단한다. 탁월한 언변술로 다른 사람을 험담하고 공격한다. 내가 가진 은사로 섬기기보다는, 다른 사람들 앞에 끊임없이 자랑하고 자신의 존재감을 드러낸다. 하나님께서 주신 재능이 영혼을 회복시키는 것이 아니라, 오히려 파괴시키는 방법으로 쓰이는 안타까운 순간이다.

본문을 잘 살펴보면 삼손에게 주어진 재능이 많다. 성령이 임할 때 사자를 찢고 삼십 명을 단숨에 죽일 정도로 강한 힘이 있다. 자신이 경험한 사건으로 수수께끼를 만들어 낼 정도의 재치가 있다. 사건 뒤에 있는 상대편의 계략을 알아차릴 정도의 빠른 상황 판단력을 가지고 있다. 심지어 동물을 사용해 적을 공격하는 기발한 전술력까지 있다. 현대 전쟁에서도 돌고래, 새 등의 동물을 사용하는 전술이 사용되고 있다. 생각해 보면 삼손이 원조다! 삼손은 이런 좋은 재능과 영특함을 가졌다. 그런데 그 모든 것을 자기 분노와 복수라는 파괴적인 방법으로 사용한다. 만약 삼손이 하나님의 부르심과 뜻에 따라 자신의 재능을 사용해 전쟁을 했다면, 블레셋과의 전투에서 승리했을 것이다. 하나님께서 주신 그의 재능을 통해 이스라엘을 회복시켰을 것이다. 그런데 그 놀라운 재능을 개인적 영역에, 그것도 파괴적인 방식으로 사용한다.

하나님께서 내게 주신 재능은 작은 것일지라도 소중한 것이다. 그 소중한 재능을 파괴적인 방식으로 사용하지 말아야 한다. 지금 나는 내게 주신 재능을 분노에 휩싸여 다른 사람의 삶에 불을 지르는 데 쓰고 있지 않은지 돌아보자. 나의 말과 행동으로 다른 사람의 정강이와 넓적다리를 때리고 있지 않은지 살펴보자. 잊지 말아야 한다. 하나님께서 내게 주신 재능은 파괴가 아니라 영혼을 회복시키는 일에 사용해야 한다.

마음의 기도

주님, 세상의 잔치에 취해 내게 주신 소중한 것을 잃지 않게 하소서. 오히려 제게 주신 신앙, 가치, 가족, 교회를 세상 속에서 굳건히 지키게 하소서. 제게 주신 은사를 미움과 복수의 수단으로 사용하지 않고 섬김과 평화를 위해 사용하게 하소서. 제 말과 행동으로 다른 사람의 정강이와 넓적다리를 때려 쓰러뜨리기보다, 쓰러진 자를 일으키는 인생 되게 하소서. 세상의 잔치가 아니라 복음의 잔치에 있게 하시고, 세상 친구가 아니라 믿음의 동역자와 삶을 살게 하소서.

실습 4: 삼손 이야기 연속 본문(삿 15:9-20)

중점 하나님이 어떤 분이신지 강조하는 하나님 중심적 묵상을 실습해 본다. 하나의 깨달음을 깊이 있게 조명하는 원 포인트로 방식으로 기록한다.

실습 아래 본문을 읽고 삼손의 문제가 무엇이고, 그런 삼손을 하나님은 어떻게 대하시는지를 '본문의 내용'에 쓰라. 또한 현시대에도 동일하신 하나님이 어떻게 우리에게 다가오시는지를 생각하며 '오늘날의 의미와 실천'을 기록하라. 그 후 마지막으로 자신의 본문 묵상의 제목과 기도를 쓰라. 자신의 것과 샘플로 제시된 것을 비교하고 더 발전시킬 부분이 있으면 추가로 작성하라.

본문 사사기 15장 9-20절

⁹ 이에 블레셋 사람들이 올라와 유다에 진을 치고 레히에 가득한지라 ¹⁰ 유다 사람들이 이르되 너희가 어찌하여 올라와서 우리를 치느냐 그들이 대답하되 우리가 올라온 것은 삼손을 결박하여 그가 우리에게 행한 대로 그에게 행하려 함이로라 하는지라 ¹¹ 유다 사람 삼천 명이 에담 바위 틈에 내려가서 삼손에게 이르되 너는 블레셋 사람이 우리를 다스리는 줄을 알지 못하느냐 네가 어찌하여 우리에게 이같이 행하였느냐 하니 삼손이 그들에게 이르되 그들이 내게 행한 대로 나도 그들에게 행하였노라 하니라 ¹² 그들이 삼손에게 이르되 우리가 너를 결박하여 블레셋 사람의 손에 넘겨 주려고 내려왔노라 하니 삼손이 그들에게 이르되 너희가 나를 치지 아니하겠다고 내게 맹세하라 하매 ¹³ 그들이 삼손에

게 말하여 이르되 아니라 우리가 다만 너를 단단히 결박하여 그들의 손에 넘겨 줄 뿐이요 우리가 결단코 너를 죽이지 아니하리라 하고 새 밧줄 둘로 결박하고 바위 틈에서 그를 끌어내니라 ¹⁴ 삼손이 레히에 이르매 블레셋 사람들이 그에게로 마주 나가며 소리 지를 때 여호와의 영이 삼손에게 갑자기 임하시매 그의 팔 위의 밧줄이 불탄 삼과 같이 그의 결박되었던 손에서 떨어진지라 ¹⁵ 삼손이 나귀의 새 턱뼈를 보고 손을 내밀어 집어들고 그것으로 천 명을 죽이고 ¹⁶ 이르되 나귀의 턱뼈로 한 더미, 두 더미를 쌓았음이여 나귀의 턱뼈로 내가 천 명을 죽였도다 하니라 ¹⁷ 그가 말을 마치고 턱뼈를 자기 손에서 내던지고 그 곳을 라맛레히라 이름하였더라 ¹⁸ 삼손이 심히 목이 말라 여호와께 부르짖어 이르되 주께서 종의 손을 통하여 이 큰 구원을 베푸셨사오나 내가 이제 목말라 죽어서 할례 받지 못한 자들의 손에 떨어지겠나이다 하니 ¹⁹ 하나님이 레히에서 한 우묵한 곳을 터뜨리시니 거기서 물이 솟아나오는지라 삼손이 그것을 마시고 정신이 회복되어 소생하니 그러므로 그 샘 이름을 엔학고레라 불렀으며 그 샘이 오늘까지 레히에 있더라 ²⁰ 블레셋 사람의 때에 삼손이 이스라엘의 사사로 이십 년 동안 지냈더라

제목

본문의 내용

오늘날의 의미와 적용

마음의 기도

묵상 샘플 4: 엔학고레의 은혜

삼손이 블레셋 사람들의 정강이와 넓적다리를 쳐죽이고 에담 바위틈에 몸을 숨긴다.[26] 블레셋이 가만히 있을 리가 없다. 예상대로 블레셋 사람들의 복수가 시작된다. 블레셋 사람들은 삼손을 잡아 죽이기 위해 유다 땅에 진을 친다. 그 결과 '레히'라는 지역이 블레셋인으로 가득 찬다(9절).

갑작스러운 블레셋의 군사 행동에 유다인들이 놀라며 그 이유를 묻는다. 블레셋 사람들은 자신들이 유다를 치러 온 것이 아니고, 단지 삼손에게 복수하러 온 것이라고 말한다. 지금 블레셋 사람들은 고도의 심리 압박전을 벌이고 있다. "유다 사람들이 이르되 너희가 어찌하여 올라와서 우리를 치느냐 그들이 대답하되 우리가 올라온 것은 삼손을 결박하여 그가 우리에게 행한 대로 그에게 행하려 함이로라"(10절).

그 다음 절에서 기막힌 장면이 나온다. 유다 사람 삼천 명이 에담 바위틈에 내려가 삼손을 원망한다. 그리고 삼손을 설득해 그를 잡고, 블레셋 사람들에게 넘기려고 한다. 유다는 이스라엘의 대표 지파다. 그런데 지금 이들의 말과 행동을 보면 기가 막

한다. "블레셋 사람이 우리를 다스리는 줄을 알지 못하느냐"(11절). 블레셋의 압제와 다스림을 당연하게 생각하고 있다. 본문을 자세히 보라. 한두 명도 아니고, 유다 사람 삼천 명이 삼손을 설득해서 잡으려고 온다. 이 인원이 모였다면 삼손이 아니라 블레셋과 싸워야 하지 않을까. 그런데 유다는 자기의 동족, 그것도 하나님의 종 사사로 선 사람을 블레셋에게 넘기려 한다. 이것이 사사 시대의 영적 수준이다. 이토록 이스라엘 공동체의 영성은 바닥을 치고 있다.

이 기막힌 상황에서 삼손은 더 이상 저항하지 않는다. 그는 결국 바위틈에서 나와 유다 사람들에 의해 새 밧줄 둘로 결박당한다. 사실 삼손을 묶은 것은 눈에 보이는 밧줄이 아니라, 동족의 배신이라는 밧줄이다. 유다 사람들이 삼손을 끌고 레히에 간다. 그러자 블레셋 사람들이 그를 보고 소리치기 시작한다(14절). "삼손이 잡혀 끌려오고 있다"는 기쁨의 소리였을 것이다. "너도 이제 한 번 고통 속에 죽어 봐라"는 저주의 소리였을 것이다.

이렇게 동족에게 배신당해 죽어야 할 순간, 하나님은 삼손에게 성령을 통해 은혜를 베풀어 주신다. 성령이 그에게 갑자기 임한다. 그리고 자기의 주변에 있던 새 나귀의 턱뼈를 발견하고 그것으로 블레셋인 천 명을 죽인다. "삼손이 나귀의 새 턱뼈를 보고 손을 내밀어 집어 들고 그것으로 천 명을 죽이고"(15절). 놀랍다. 이 사건이 벌어진 지역 이름이 '레히'다. 그런데 삼손이 잡은 턱뼈가 히브리어로 '레히'다. '레히 지역'에서 죽을 수밖에 없었던 삼손이, '턱뼈 레히'를 잡고 블레셋 사람들을 죽인다.

그런데 하나님의 은혜를 경험한 이 순간에 삼손은 다시 이상한 행동을 한다. 분명 하나님이 하셨는데, 삼손은 자기가 했다고 생각한다. 자기를 내세운다. 하나님이 하셨다고 고백하지 않는다. 감사하지 않는다. 은혜에 대한 배신 아닌가? 그저 '내가' 했다고 한다. "이르되 나귀의 턱뼈로 한 더미, 두 더미를 쌓았음이여 나귀의 턱뼈로 내가 천 명을 죽였도다"(16절). 이렇게 자기 자랑을 하고 그곳 이름을 라맛 레히, '턱뼈의 산'이라고 짓는다. "그가 말을 마치고 턱뼈를 자기 손에서 내던지고 그 곳을 라맛 레히라 이름하였더라"(17절).

삼손이 천 명을 죽인 후 자화자찬을 하는 것이다. 바로 그때 삼손이 힘을 너무 썼는지 목마름을 느낀다. 죽을 것 같은 목마름이다. 그때 삼손이 처음으로 하나님을 찾는다. 처음으로 하나님께 부르짖는다. "삼손이 심히 목이 말라 여호와께 부르짖어 이르되 주께서 종의 손을 통하여 이 큰 구원을 베푸셨사오나 내가 이제 목말라 죽어서 할례 받지 못한 자들의 손에 떨어지겠나이다"(18절).

삼손은 자신이 급해지자 처음으로 간절히 하나님을 찾고 있다. 그분께 도움을 청하고 있다. 늘 사명을 등지고, 경건을 버리고, 자기중심적으로 행동하는 삼손을 이제 하나님은 어떻게 대하실까? 놀랍게도 하나님은 이런 삼손에게 다시 은혜를 베풀어 주신다. 삼손의 부르짖음에 응답해 주신다. "하나님이 레히에서 한 우묵한 곳을 터뜨리시니 거기서 물이 솟아나오는지라 삼손이 그것을 마시고 정신이 회복되어 소생하니 그러므로 그 샘 이름을 엔학고레라 불렀으며 그 샘이 오늘까지 레히에 있더라"(19절).

　레히의 우묵한 곳에서 샘이 솟아난다. 삼손은 솟아나는 물을 마시고 정신을 회복한다. 그래서 그곳의 이름을 '엔학고레'라고 부른다. '부르짖은 자의 샘'이라는 뜻이다. 생각해 보면 레히의 우묵한 곳에서 물이 터져 나오기 전에 삼손의 간절한 기도가 먼저 터져 나왔다. 은혜를 저버리며 하나님을 배신한 삼손의 기도를 하나님이 들어주신 것이다. 그 하나님이 계시기에 삼손은 또다시 목숨을 구한다.

오늘날의 의미와 적용

본문은 영적으로 기울고 쇠락하는 개인과 공동체에 나타나는 특징이 무엇인지 분명히 보여 준다. '배신'이다. 가장 가까운 사람끼리 배신한다. 같은 민족이 배신한다. 심지어 하나님을 배신한다. 이런 배신의 상황은 오늘날에도 벌어진다. 배신이 가득한 본문에서 우리는 그래도 희망을 본다. 그 희망의 이유가 무엇인가?

　사람은 배신해도 하나님은 배신하지 않으신다.
　삼손의 이야기에는 배신당하고 배신하는 사건이 계속 된다. 삼손, 그는 계속 배신을 당한다. 얼마 전에 죽은 블레셋 아내와 장인이 삼손을 속이고 배신했다(14:14-17, 15:1-2). 본문에서 자신

157

의 민족인 유다에게 배신당해 블레셋에게 넘겨졌다.

그런데 사실 생각해 보면 삼손도 하나님을 계속 배신한다. 음주와 살인과 이방 여인과의 결혼으로 하나님이 주신 나실인의 소명을 저버린다. 배임, 사명에 대한 배신 아닌가. 본문에서도 하나님이 성령을 통해 자신의 목숨을 구해 주셨는데 감사하지 않고 자신을 내세운다. 은혜에 대한 배신이다. 삼손이 은혜를 아는 자였다면 그는 블레셋을 죽인 턱뼈를 내려놓고 무릎을 꿇으며 감사기도를 드렸어야 했다. 지명도 '턱뼈의 산'이 아니라 '은혜의 산' 이런 식으로 지어 자신을 구해 주신 하나님을 높여야 했다. 그러나 결국 삼손은 자신을 높인다.

그런데 이 배신당하고 배신하는 삼손의 모습이 왠지 남의 이야기처럼 들리지 않는다. 사실 우리도 종종 배신당할 때가 있다. 가장 가깝고 믿었던 사람에게 배신당할 때 마음이 깨지고 눈물이 난다. 그래서 삼손이 배신당하는 모습을 보며 가엽게 느껴진다. 동시에 삼손처럼 배신하는 내 모습 때문에 부끄러움을 느낀다. 나 또한 죄에 빠져 하나님이 주신 사명을 잊었을 때가 얼마나 많은가. 나도 베풀어 주신 은혜를 잊었을 때가 얼마나 많은가. 분명 하나님께서 하신 역사 앞에서 은근히 자신을 나타내고 높였던 적은 또 얼마나 많은가. 삼손의 모습에서 내 모습을 본다.

그런데 신기하게 배신이 꿈틀거리는 본문에서 그래도 희망을 본다. 결코 배신하지 않는 한 분이 계시기 때문이다. 바로 우리 하나님이시다. 사명을 잊고 방종의 삶을 살다 배신당해 죽음의 위험에 빠진 삼손, 자신을 구해 주신 하나님께 감사하지도 않고 그분을 높이지도 않는 삼손이 부르짖는다. 목이 말라 죽을 지경이 되자 처음으로 하나님을 찾는다. 그런 삼손에게 하나님은 등을 돌리시지 않는다. 그의 기도를 듣고 다시 살려 주신다.

본문을 보며 용기를 얻는다. 비록 나도 염치없는 배신자이지만 삼손처럼 은혜를 베푸시는 하나님께 부르짖어야 한다. 하나님 앞에서 무슨 자존심을 찾겠는가. 그저 불쌍히 여겨 달라고, 살려 달라고 부르짖어야 한다. 그때 내 삶의 우묵한 곳에도 은혜가 터져 나와 우리 가정과 공동체가 회복되는 놀라운 엔학고레를 경험할 수 있기를 기대한다.

마음의 기도

하나님, 배신당하고 배신하는 삼손의 모습에서 제 모습을 봅니다. 사람에게 배신당하고 아파하지만 저 또한 하나님의 은혜를 저버리고 살 때가 많았습니다. 배신당해 아파할 때도 결코 저를 포기하지 않으시고 은혜를 베푸시는 하나님을 바라보게 하소서. 제게 주신 소명과 은혜를 쉽게 잊는 가벼운 인생 되지 않게 하시고, 믿음을 붙들고 살아갈 때 제 삶에 엔학고레의 은혜가 마르지 않게 하소서.

실습 5: 삼손 이야기 연속 본문(삿 16:1-20)

중점   삼손의 죄와 실패라는 부정적 내용이 기록된 본문에서 영적인 교훈을 발견하고 적용하는 실습을 한다.

실습   아래 본문을 읽고 본문에서 반복되는 죄와 그 결과에 대해 '본문의 내용'에 쓰라. 그 후 삼손의 죄와 실패가 우리 삶에 어떻게 나타낼 수 있는지와 그것을 피할 수 있는 방법은 무엇인지를 '오늘날의 의미와 적용'에 쓰라. 그 후 자신의 본문 묵상의 제목과 기도를 쓰라. 자신의 것과 샘플로 제시된 것을 비교하고 더 발전시킬 부분이 있으면 추가로 작성하라.

본문   사사기 16장 1-20절

¹ 삼손이 가사에 가서 거기서 한 기생을 보고 그에게로 들어갔더니 ² 가사 사람들에게 삼손이 왔다고 알려지매 그들이 곧 그를 에워싸고 밤새도록 성문에 매복하고 밤새도록 조용히 하며 이르기를 새벽이 되거든 그를 죽이리라 하였더라 ³ 삼손이 밤중까지 누워 있다가 그 밤중에 일어나 성 문짝들과 두 문설주와 문빗장을 빼어 가지고 그것을 모두 어깨에 메고 헤브론 앞산 꼭대기로 가니라 ⁴ 이 후에 삼손이 소렉 골짜기의 들릴라라 이름하는 여인을 사랑하매 ⁵ 블레셋 사람의 방백들이 그 여인에게로 올라가서 그에게 이르되 삼손을 꾀어서 무엇으로 말미암아 그 큰 힘이 생기는지 그리고 우리가 어떻게 하면 능히 그를 결박하여 굴복하게 할 수 있을는지 알아보라 그리하면 우리가 각각 은 천백 개씩을 네게 주리라 하니 ⁶ 들릴라가 삼손에게 말하되 청하건대 당신의 큰 힘

이 무엇으로 말미암아 생기며 어떻게 하면 능히 당신을 결박하여 굴복하게 할 수 있을는지 내게 말하라 하니 [7] 삼손이 그에게 이르되 만일 마르지 아니한 새 활줄 일곱으로 나를 결박하면 내가 약해져서 다른 사람과 같으리라 [8] 블레셋 사람의 방백들이 마르지 아니한 새 활줄 일곱을 여인에게로 가져오매 그가 그것으로 삼손을 결박하고 [9] 이미 사람을 방 안에 매복시켰으므로 삼손에게 말하되 삼손이여 블레셋 사람들이 당신에게 들이닥쳤느니라 하니 삼손이 그 줄들을 끊기를 불탄 삼실을 끊음 같이 하였고 그의 힘의 근원은 알아내지 못하니라 (중략) [17] 삼손이 진심을 드러내어 그에게 이르되 내 머리 위에는 삭도를 대지 아니하였나니 이는 내가 모태에서부터 하나님의 나실인이 되었음이라 만일 내 머리가 밀리면 내 힘이 내게서 떠나고 나는 약해져서 다른 사람과 같으리라 하니라 [18] 들릴라가 삼손이 진심을 다 알려 주므로 사람을 보내어 블레셋 사람들의 방백들을 불러 이르되 삼손이 내게 진심을 알려 주었으니 이제 한 번만 올라오라 하니 블레셋 방백들이 손에 은을 가지고 그 여인에게로 올라오니라 [19] 들릴라가 삼손에게 자기 무릎을 베고 자게 하고 사람을 불러 그의 머리털 일곱 가닥을 밀고 괴롭게 하여 본즉 그의 힘이 없어졌더라 [20] 들릴라가 이르되 삼손이여 블레셋 사람이 당신에게 들이닥쳤느니라 하니 삼손이 잠을 깨며 이르기를 내가 전과 같이 나가서 몸을 떨치리라 하였으나 여호와께서 이미 자기를 떠나신 줄을 깨닫지 못하였더라

제목

본문의 내용

오늘날의 의미와 적용

마음의 기도

묵상 샘플 5: 잘릴 것인가, 자를 것인가

본문의 내용 삿 16:1-20

15장에서 삼손이 목이 말라 죽을 위기에 처했을 때 하나님이 엔학고레에서 샘물이 터지게 해서 그를 살려 주셨다. 그 후 삼손은 이스라엘의 사사로 20년을 지낸다. 이렇게 이야기가 은혜롭게 마칠 것 같았다. 그런데 16장에서 삼손은 다시 우리를 당황하게 만든다.

"삼손이 가사에 가서 거기서 한 기생을 보고 그에게로 들어갔더니"(1절). '기생'에 해당하는 히브리어 '조나'는 '창녀'를 뜻한다. 가사는 블레셋 다섯 도시 중에 가장 남쪽에 위치한 도시다. 그러니 이 여인도 블레셋 여인이다. 한편 '그녀에게로 들어갔다'는 것은 성관계를 했다는 것을 말한다. 지금 삼손에게는 자신이 나실인이라는 소명 의식이 전혀 없다. 아니, 보통 사람들이 가지고 있었던 윤리 의식도 없다.

삼손이 기생에게 갔을 때 블레셋 사람들은 삼손을 없앨 좋은 기회가 왔다고 생각한다. 그러나 그들은 레히에서 삼손이 블레셋 사람 천 명을 죽인 것을 알기에 이번에는 함부로 행동하지 않는다. 그 대신 삼손을 포위하고 조용히 새벽을 기다린다(2절).

그런데 이런 블레셋 사람들의 계획은 수포로 돌아간다. 정사를 벌인 후에도 힘이 남았는지 삼손은 한밤중에 벌떡 일어나 성 문짝들과 두 문설주와 문 빗장을 뜯어 어깨에 멘다. 그리고는 헤브론 앞산 꼭대기로 간다. "삼손이 밤중까지 누워 있다가 그 밤중에 일어나 성 문짝들과 두 문설주와 문빗장을 빼어 가지고 그것을 모두 어깨에 메고 헤브론 앞산 꼭대기로 가니라"(3절).

놀랍다. 성문의 모든 것을 뜯어내는 장면을 생각하면 입이 쩍 벌어진다. 더 놀라운 것은 가사부터 헤브론까지는 약 60km나 되는 길이다. 그것도 점점 산지로 올라가는 길이다. 엄청난 무게의 성문 기구들을 등에 업고 그 길을 간다. 삼손의 힘이 얼마나 강력한가.

삼손에 의해 헤브론 앞산에 딱 놓여진 적 블레셋의 성문 기구들! 멋있다. 이렇게 이야기가 끝나야 한다. 그런데 또다시 여자 이야기가 시작된다. 삼손의 여인 편력은 과연 언제 끝나는 것일까. 이번에 삼손은 소렉 골짜기에 사는 들릴라라는 여인을 사랑한다. "이 후에 삼손이 소렉 골짜기의 들릴라라 이름하는 여인을 사랑하매"(4절). 들릴라는 삼손이 이성으로 만난 세 번째 여자다. 들릴라가 이스라엘 여인인지, 블레셋 여인인지 알 수 없다. 그러나 나중에 블레셋 사람들과 공모한 것을 볼 때, 그리고 지금까지 삼손의 여자 취향이 블레셋 여인들이었음을 감안할 때 들릴라는 블레셋 여인임이 거의 확실하다.

들릴라의 이름의 뜻은 '밤의 여인' 혹은 '밤에 속한 여인'이다. 삼손의 이름 뜻은 '해처럼 빛나는 아이' 혹은 '작은 태양'이다. 안타깝게 해처럼 빛나야 할 삼손이 밤의 여인, 들릴라와 사랑에 빠진다.

블레셋 사람들은 삼손이 사랑에 빠진 들릴라를 이용하기로 한다. 이번에는 삼손의 부인에게 했던 것처럼 윽박지르지 않는다. 돈으로 유혹한다. 삼손의 힘의 비밀을 알아내고 그를 잡게 하면 각 방백들이 들릴라에게 1100세겔씩 주기로 한다(5절).

얼마나 많은 돈을 제시한 것일까. 당시 블레셋은 주요 다섯 도시로 되어 있었다. 그러니 주요 도시의 방백만 모였더라도 다섯 명이 모인 것이다. 한 자료에 따르면, 당시 노동자의 1년 수입이 5-15세겔이었다.[27] 노예의 몸값은 20-60세겔이었다. 그런데 한 방백이 1100세겔을 준다고 했으니 최소 5500세겔이다. 은으로 환산해 보면 무려 665kg이다. 현재 실버바 1kg이 약 백만 원이다. 665kg에 이 시세를 곱하면 6억 6천 5백만 원이다.

엄청난 돈을 약속받은 밤의 여인 들릴라는 삼손의 비밀을 즉시 캐기 시작한다. 아내들이 작심해서 남편을 다그치면 다 들통나는 법이다. 여성들은 눈치가 백단이다. 그런데 아는가, 여성의 눈치보다 더 무서운 것이 바로 애교다. 눈치와 애교까지 합세하면 남성은 다 털어놓는다. 들릴라는 애교 섞인 목소리로 삼손에게 물었을 것이다. "청하건대 당신의 큰 힘이 무엇으로 말미암아 생기며 어떻게 하면 능히 당신을 결박하여 굴복하게 할 수 있을는지 내게 말하라"(6절).

삼손은 들릴라의 애교 섞인 질문이 싫지 않은 것 같다. 그래서 왜 묻느냐고 버럭 화를 내지 않고 답을 가르쳐 준다. 대신 틀린 답을 가르쳐 준다. 전에 여인에게 답을 말해 주었다가 삼손은 혼이 난 적이 있지 않은가. 삼손은 지금 장난을 치고 있는 것처럼 보인다.

삼손의 첫 대답은 '마르지 않은 새 활줄(fresh bowstring) 일곱'이다. 들릴라는 블레셋 군사를 매복시켜놓고 일곱 새 활줄로 묶는다. 그러나 삼손은 그 줄들을 끊기를 불탄 삼실처럼 끊는다(9절). 들릴라는 화가 나서 더 앙탈을 부리며 비밀을 말해 달라고 조른다. 삼손은 쓰지 않은 새 밧줄로 자신을 묶으면 된다고 한다. 들릴라와 그의 적들은 삼손을 새 밧줄로 묶었으나 이번에도 소용이 없다(12절).

들릴라는 집요하게 계속 묻는다. 삼손은 이에 자신의 머리 일곱 가닥을 베틀의 날실과 섞어 짜면 된다고 한다. 물론 이것도 아무런 효과가 없다(13-14절). 들릴라를 놀리는 삼손을 보고 있으면 우리도 재미있다. 그러나 삼손은 점점 위험에 빠지고 있다. 삼손은 자신의 힘의 근원인 일곱 머리 가닥을 언급했다. 비밀이 점점 알려지고 있다.

이제 들릴라는 돈 욕심도 나고, 자존심도 단단히 상했다. 무엇보다 약이 올라 독이 오른 것 같다. 들릴라는 삼손을 본격적으로 재촉하고 조른다. 이제 더 이상 노는 분위기가 아니다. 삼손은 괴로워 죽을 지경이다. "들릴라가… 날마다 그 말로 그를 재촉하여 조르매 삼손의 마음이 번뇌하여 죽을 지경이라"(15-16절).

참다못한 삼손은 그만 자신의 비밀을 말해 준다. "삼손이 진심을 드러내어 그에게 이르되 내 머리 위에는 삭도를 대지 아니하였나니 이는 내가 모태에서부터 하나님의 나실인이 되었음이라 만일 내 머리가 밀리면 내 힘이 내게서 떠나고 나는 약해져서 다른 사람과 같으리라 하니라"(17절). 여자의 직감인가. 들릴라는 삼손이 이번에는 자기에게 사실을 이야기한 것을 느낀다. 그녀는 블레셋 사람들에게 곧 삼손을 잡을 준비를 하라고 한다.

그리고는 삼손이 자신의 무릎을 베고 자게 하고 그의 머리털 일곱 가닥을 자른다(19절). 그 후 "삼손, 블레셋 사람들이 당신을 잡으러 와요"라고 외친다. 삼손은 잠에서 깬다. 그러나 아무런 힘도 쓸 수 없다. 그 이유가 본문에 분명히 나와 있다. 하나님께서 삼손을 떠나셨기 때문이다. "들릴라가 이르되 삼손이여 블레셋 사람이 당신에게 들이닥쳤느니라 하니 삼손이 잠을 깨며 이르기를 내가 전과 같이 나가서 몸을 떨치리라 하였으나 여호와께서 이미 자기를 떠나신 줄을 깨닫지 못하였더라"(20절).

블레셋 사람들이 드디어 삼손을 붙잡는다. 그들은 삼손의 눈을 빼고, 맷돌을 돌리게 한다(21절). 이런 관습은 히타이트의 도시 타피카에서 발견된 타피카 서신에도 기록되어 있다.[28] 고대 근동에서는 적을 잡으면 수치심과 치욕감을 최대로 주기 위해 눈을 빼고 짐승처럼 맷돌을 돌리게 했다. 작은 태양이라는 이름을 가진 삼손의 인생이 이렇게 끝이 나다니….

삼손의 눈이 뽑혔다. 성문 기구를 뜯어냈던 그의 엄청난 힘은 사라졌다. 그저 짐승처럼 맷돌을 돌린다. 희망의 빛이 완전히 꺼진 인생이 된다.

오늘날의 의미와 적용

눈이 뽑히고 맷돌을 돌리는 신세가 된 삼손을 보면서 충격을 받는다. 어떻게 하나님의 사사가 이 지경이 되었는지 씁쓸해진다. 충격적인 내용을 묵상하며 다음과 같은 연관성과 적용점을 깨닫는다.

첫째, 나를 유혹하는 들릴라가 무엇인지 살펴야 한다.

사탄은 우리에게 다가와 어떻게든 하나님이 주신 소명을 놓치게 하려고 한다. 하나님과의 관계도 단절시키려고 한다. 그때 사탄은 우리를 가장 잘 유혹할 수 있는 도구를 사용한다. 삼손의 경우는 여자였다. 삼손은 여자만 보면 소명도, 하나님과의 관계도 다 내던진다. 결국 삼손은 들릴라에게 걸려 눈이 뽑히고 불 꺼진 인생이 된다.

말씀을 통해 정직하게 돌아보게 된다. 나의 들릴라는 무엇인가. 끊임없이 나를 유혹해서 소명을 놓치게 하는 것, 하나님과의 관계를 단절시키는 것, 나의 들릴라는 무엇인가. 이것쯤은 괜찮겠지, 이번에는 괜찮겠지…, 아니다. 절대 방심하지 말아야 한다. 그렇지 않으면 어느 순간 우리도 덜컥 걸려든다. 우리도 방심하다 눈이 뽑히고 손발이 다 묶인 삼손처럼 될 수 있다. 삼손 곁에 있었던 들릴라는 지금 나의 곁에도 있다. 나를 유혹하고 넘어뜨리려는 들릴라는 무엇인가. 본문은 진지하게 생각해 보라고 말한다.

둘째, 영적으로 깨어 실수를 되풀이하지 말아야 한다.
영적으로 깨어 정신을 차리지 않으면 과거의 실수를 되풀이한다. 반대로 영적으로 깨어 자신이 어떤 때에, 어떻게 실수하는지를 알면 과거의 실수를 막을 수 있다. 생각해 보면 삼손이 계속 실수를 하는 것은 여자 때문이었다. 젊은 시절 딤나의 여인 때문에 위기에 빠졌었다(14장). 이런 경험을 가지고 있었던 삼손은 들릴라가 애교와 앙탈로 자신의 비밀을 알려 달라고 할 때 그녀의 정체를 알아차렸어야 했다. 들릴라의 행동은 과거 삼손을 위기에 빠트렸던 딤나의 여인이 했던 행동과 같은 것이었기 때문이다(14:16-17). 그렇다면 삼손은 영적으로 깨어 과거 실수를 생각하며 자신에게 닥친 유혹을 이겼어야 했다. 그러나 과거의 실수로부터 교훈을 전혀 얻지 못했던 삼손은 똑같은 실수를 범한다.
내가 쉽게 걸려드는 유혹은 반드시 다시 찾아온다. 더 교묘하고 집요하게 찾아온다. 그렇기 때문에 영적으로 깨어 있어야 한다. 영적으로 깨어 있어야 어리석게 과거의 실수를 되풀이하지 않는다.

셋째, 다가오는 유혹을 단숨에 잘라내야 한다.

삼손은 계속 하나님이 주신 나실인의 소명을 저버린다. 소명을 던져 버리자 쾌락을 추구하며 짐승처럼 살아간다. 아무런 죄의식 없이 가사의 창녀와 성적인 관계를 가진다. 본격적으로 밤의 여인 들릴라와 다시 성적 쾌락을 즐긴다. 그렇다. 하나님이 주신 소명을 저버릴 때 가장 먼저 벌어지는 현상은 감각적 쾌락을 추구하는 것이다. 소명으로 불탔던 사람이 감각적 쾌락으로 불탄다. 내게 주신 소명 의식이 약해질 때 육체적 감각이 내 안에 강하게 일어나기 시작한다. 쾌락을 찾아 이곳저곳을 기웃거린다.

세상의 쾌락을 누리며 짐승처럼 살다 보면 더 심각한 짐승 같은 삶이 시작된다. 이제는 쾌락을 누리는 짐승이 아니라, 세상에게 조롱당하는 짐승으로 살게 된다. 들릴라와 놀아나며 쾌락을 즐겼던 삼손이 어떤 순간 눈이 뽑히고 짐승처럼 맷돌을 돌린다. 블레셋에게 조롱당한다. 죽지 못해 사는 짐승 같은 인생이 된다. 소명을 잃어버리고 쾌락을 추구하는 모습의 마지막 결과는 이토록 참혹하다. 가장 소중한 것이 우리 삶에서 뽑혀나간다. 우리의 도덕적 가치, 소중한 가정, 순수했던 신앙 등이 삼손의 눈처럼 상처 입으며 무참히 뽑혀나간다. 그리고 세상에 짓눌려 이리저리 끌려 다니며 짐승처럼 조롱당한다.

본문을 묵상하면 들릴라가 삼손을 재우고 그의 머리카락을 슬며시 자르는 장면이 자꾸 떠오른다. 사실 삼손의 머리카락이 잘려나간 것이 아니다. 그의 소명이 잘려나간 것이다. 이야기가 너무 비극적이고 충격적이라 반전을 기대하며 이런 상상도 해 본다. 만약 머리카락을 자르려 할 때 삼손이 벌떡 일어나 들릴라를 이렇게 혼내 주고 내쳤으면 어땠을까.

"들릴라, 네가 감히 내 소명을 자르려 하느냐? 맛 좀 봐라. 내가 너의 머리카락을 다 밀어주리라! 썩 떠나갈지어다!"

웃기지만 이것이 우리가 바랐던 삼손의 모습이다. 그랬다면 소명을 저버린 짐승 같은 삶이 아니라, 소명을 지킨 용사의 삶이 되었을 것이다. 우리에게 선택이 있다. 들릴라에게 소명을 잘릴 것인가, 들릴라를 잘라낼 것인가? 오늘 내게 다가오는 들릴라를 싹둑 잘라내야 한다.

마음의 기도

주님, 삼손이 영적으로 넘어질 수 있다면 저도 넘어질 수 있음을 느낍니다. 삼손의 인생을 파멸로 이끈 들릴라가 제 삶에도 다양한 모습으로 존재함을 깨닫습니다. 주님, 제가 영적으로 깨어 있게 하소서. 세상의 유혹과 쾌락에 걸려들어 제 믿음과 사명을 버리는 일이 없게 하소서. 주님처럼 늘 깨어 제 인생의 들

릴라를 쳐내고, 제게 주신 하나님의 뜻을 이루는 아름다운 인
생 되게 하소서.

중점 삼손 이야기의 마지막을 읽고 얻은 결론적 깨달음을 본문의 내용, 연관성, 적용에 반영해 기록해 본다.

실습 아래 본문에서 발견하고 연구한 것을 '본문의 내용'에 쓰라. 삼손 이야기의 결론적 깨달음을 '오늘날의 의미와 적용'에 쓰라. 그 후 마지막으로 자신의 본문 묵상의 제목과 기도를 쓰라. 자신의 것과 샘플로 제시된 것을 비교하고 더 발전시킬 부분이 있으면 추가로 작성하라.

본문 사사기 16장 21-31절
²¹ 블레셋 사람들이 그를 붙잡아 그의 눈을 빼고 끌고 가사에 내려가 놋줄로 매고 그에게 옥에서 맷돌을 돌리게 하였더라 ²² 그의 머리털이 밀린 후에 다시 자라기 시작하니라 ²³ 블레셋 사람의 방백들이 이르되 우리의 신이 우리 원수 삼손을 우리 손에 넘겨 주었다 하고 다 모여 그들의 신 다곤에게 큰 제사를 드리고 즐거워하고 ²⁴ 백성들도 삼손을 보았으므로 이르되 우리의 땅을 망쳐 놓고 우리의 많은 사람을 죽인 원수를 우리의 신이 우리 손에 넘겨 주었다 하고 자기들의 신을 찬양하며 ²⁵ 그들의 마음이 즐거울 때에 이르되 삼손을 불러다가 우리를 위하여 재주를 부리게 하자 하고 옥에서 삼손을 불러내매 삼손이 그들을 위하여 재주를 부리니라 그들이 삼손을 두 기둥 사이에 세웠더니 ²⁶ 삼손이 자기 손을 붙든 소년에게 이르되 나에게 이 집을 버틴 기둥을 찾아 그것을 의지하게 하라 하니라 ²⁷ 그 집에는 남녀가 가득하니 블레

셋 모든 방백들도 거기에 있고 지붕에 있는 남녀도 삼천 명 가량이라 다 삼손이 재주 부리는 것을 보더라 ²⁸ 삼손이 여호와께 부르짖어 이르되 주 여호와여 구하옵나니 나를 생각하옵소서 하나님이여 구하옵나니 이번만 나를 강하게 하사 나의 두 눈을 뺀 블레셋 사람에게 원수를 단번에 갚게 하옵소서 하고 ²⁹ 삼손이 집을 버틴 두 기둥 가운데 하나는 왼손으로 하나는 오른손으로 껴 의지하고 ³⁰ 삼손이 이르되 블레셋 사람과 함께 죽기를 원하노라 하고 힘을 다하여 몸을 굽히매 그 집이 곧 무너져 그 안에 있는 모든 방백들과 온 백성에게 덮이니 삼손이 죽을 때에 죽인 자가 살았을 때에 죽인 자보다 더욱 많았더라 ³¹ 그의 형제와 아버지의 온 집이 다 내려가서 그의 시체를 가지고 올라가서 소라와 에스다올 사이 그의 아버지 마노아의 장지에 장사하니라 삼손이 이스라엘의 사사로 이십 년 동안 지냈더라

제목

본문의 내용

176

오늘날의 의미와 적용

마음의 기도

묵상 샘플 6: 마지막인가, 마지막까지인가

본문의 내용 삿 16:21-31

삼손이 요부 들릴라와 블레셋 사람들의 계책에 걸려들고 만다. 블레셋 사람들은 삼손을 잡아 그의 눈을 빼고, 짐승처럼 맷돌을 돌리게 한다(21절). 얼마 후 삼손을 잡아 수모를 준 블레셋 사람들은 축제를 벌인다. 자신들이 섬기는 다곤 신전에 모여 큰 제사를 드린다(23-24절).

철천지원수 삼손을 잡은 블레셋 백성들은 다곤 신에게 제사를 지내며 한없는 흥겨움에 빠진다. 분위기가 한참 올라가자 블레셋 사람들은 삼손을 불러내어 자신들을 위해 재주를 부리게 하자고 한다. 그들은 눈이 빠진 삼손을 불러내 그들 앞에서 재주를 부리게 한다. "그들의 마음이 즐거울 때에 이르되 삼손을 불러다가 우리를 위하여 재주를 부리게 하자 하고 옥에서 삼손을 불러내매 삼손이 그들을 위하여 재주를 부리니라 그들이 삼손을 두 기둥 사이에 세웠더니"(25절). '하나님을 위하여' 세움 받은 사사가 '이방인을 위해' 재주를 부리고 있다. 참으로 기가 막힌 장면이다.

'재주를 부리게 하자'에 쓰인 첫 히브리어 동사는 '샤하크'인데 엉뚱하거나 이상한 행동을 해서 사람을 즐겁게 만드는 행동을 말한다. 두 번째 히브리어 동사는 '자하크'라는 동사의 강조형인데 '재미있게 만들다' 또는 '웃음거리가 되게 하다'의 뜻이다. 즉 삼손을 부자연스럽고 엉뚱하게 행동하게 만들어 블레셋 사람들을 웃게 만드는 것이다. 삼손은 마치 서커스의 동물처럼 삼천 명 넘는 블레셋 사람들 앞에서 재주를 부린다. "그 집에는 남녀가 가득하니 블레셋 모든 방백들도 거기에 있고 지붕에 있는 남녀도 삼천 명 가량이라 다 삼손이 재주 부리는 것을 보더라"(27절).

본문에서 삼손은 철저하게 혼자다. 홀로 있는 짐승 같다. 그것도 놀림 당하다가 도살당할 짐승 같다. 이렇게 삼손은 처절한 인생이 되어 블레셋 사람들 앞에서 재주를 부린다. 삼손이 블레셋 사람들 앞에서 어떤 재주를 부렸는지는 기록되지 않았다.

그런데 어떤 순간 블레셋 사람들이 삼손을 두 기둥 사이에 세운다. 왜 그랬는지 분명한 이유가 나와 있지 않다. 두 기둥이 세워진 지점이 삼손의 우스꽝스러운 모습이 가장 잘 보이는 장소였기 때문에 그럴 수도 있다. 아니면 눈 빠지고 힘 빠진 삼손에게 기둥을 잡고 한 번 기를 써서 웃겨보라고 한 것일 수도 있다.

삼손은 자기 손을 붙든 소년에게 집을 버티는 기둥에 자신을 인도해 달라고 한다. 삼손이 두 기둥 사이에 선다. 그때 삼손은 하나님을 찾으며 간절히 부르짖어 기도한다. "삼손이 여

호와께 부르짖어 이르되 주 여호와여 구하옵나니 나를 생각하
옵소서 하나님이여 구하옵나니 이번만 나를 강하게 하사 나
의 두 눈을 뺀 블레셋 사람에게 원수를 단번에 갚게 하옵소서
하고"(28절).

기도를 마치고 삼손은 집을 지탱하는 두 기둥을 양쪽 손으로
밀기 시작한다. 과연 힘을 쓸 수 있을까. 삼손은 자신의 소명을
저버렸다. 거룩함을 버리고 이방 여인과 놀아났다. 자신의 그
런 행동으로 하나님의 이름을 땅에 떨어트렸다. 그런 그가 과연
하나님을 다시 찾을 자격이 있는가. 과연 하나님은 그에게 다시
찾아오셔서 힘을 주실까.

삼손은 힘을 쓰기 전 마지막 기도를 드린다. "블레셋 사람과
함께 죽기를 원합니다." 그리고 마지막 힘을 쓰기 시작한다. 그
러자 놀랍게도 기둥이 우두둑 금이 간다. 놀랍게도 기둥이 넘어
지면서 집이 무너지기 시작한다. 육중한 돌이 블레셋 방백들과
백성 위에 떨어진다.

결국 재밋거리를 보기 위해 거기에 모인 삼천 명 넘는 블레
셋 사람들이 다 죽는다. 삼손이 이때 죽인 블레셋 사람의 수가
그가 살았을 때 죽인 수보다 더 많았다. "삼손이 이르되 블레셋
사람과 함께 죽기를 원하노라 하고 힘을 다하여 몸을 굽히매 그
집이 곧 무너져 그 안에 있는 모든 방백들과 온 백성에게 덮이
니 삼손이 죽을 때에 죽인 자가 살았을 때에 죽인 자보다 더욱
많았더라"(30절).

오늘날의 의미와 적용

삼손의 마지막 삶의 장면을 보며 뭔가 마음이 먹먹하다. 왜 이런 마음이 드는 것일까. 삼손의 마지막 모습은 오늘 우리에게 다음과 같은 영적 교훈과 적용점을 준다.

첫째, 죄는 우리를 고통과 수치의 자리로 몰아넣는다.

죄는 많은 경우 달콤한 유혹으로 다가온다. 마치 영원한 즐거움과 쾌락을 줄 것처럼 우리를 끌어당긴다. 그렇게 걸려들면 결국 죄는 우리를 고통과 수치의 자리로 몰아넣는다. 23-24절에서 블레셋 사람들이 외친 것처럼 그들의 신 다곤이 삼손을 그들에게 넘겨 준 것이 아니다. 정말 그런 힘이 있었다면 다곤이 삼손을 막아 블레셋 사람 삼천 명 넘게 죽이는 것을 막았을 것이다.

그렇다면 왜 삼손이 눈이 빠지고 힘이 빠져 재주를 부리는 고통과 수치의 자리에 가게 됐는가. 삼손 스스로가 그런 위치에 갈 수밖에 없는 죄를 지었다. 그는 나실인의 소명을 버렸다. 거룩함을 버리고 창녀와 놀아났다. 회복의 기회가 있었지만 다시 과거의 죄에 빠졌다. 그 결과 고통과 수치의 자리에 서게 됐다.

우리가 지속적으로 죄를 지을 때 결국 고통과 수치의 자리에 서게 된다. 하나님은 인내로 참으시며 회개의 기회를 주시는 분이다. 그러나 어떤 순간 죄가 심해질 때 고통과 수치를 당하도록 두신다. 왜 그렇게 하시는가. 삼손처럼 고통과 수치의 자리에서 회개하고 돌아오기를 바라시기 때문이다. 내가 당하는 고통과 수치가 믿음을 지키기 위한 것이라면 끝까지 인내해야 한다. 그럴 때 귀한 상급이 있다. 그러나 내 죄로 인한 고통과 수치라면 삼손처럼 회개해야 한다. 그럴 때 놀라운 회복이 있다.

둘째, 홀로 버려졌을 때도 하나님은 함께 하신다.

우리가 도울 사람이 없다고 생각하며 혼자 절망할 때 하나님은 우리와 함께 계신다. 본문에서 죄를 짓고 소명을 잃어버린 삼손은 철저하게 혼자였다. 재주를 부리다가 도살당할 짐승과 같았다.

본문에서 블레셋 사람들은 자신을 표현할 때 '우리'라는 복수 대명사를 계속 사용했다.[29] '우리의 신, 우리 원수, 우리 손'(23절). '우리의 땅, 우리 많은 사람, 우리의 신'(24절). '우리를 위하여'(25절). 삼천 명이 넘는 블레셋 사람들이 '우리'라는 무리로 모여 있을 때, 삼손의 곁에는 아무도 없었다. 그는 철저하게 혼자였다. 우리도 본문의 삼손처럼 혼자라고 느낄 때가 있다. 모든 사람들이 나를 공격하고 비웃는 것 같고, 나만 혼자 서 있는 것 같이 느껴질 때가 있다.

삼손은 홀로 버려졌다. 그런데 고통 속에 혼자 서 있는 삼손을 지켜보시며 함께 계시는 분이 계시다. 그토록 삼손이 여러 번 배신했던 하나님이셨다. 삼손은 늘 하나님을 배신했지만, 하나님은 늘 그와 함께 계셨다. 그가 자랄 때부터 능력의 성령으로 함께 계셨다. 그가 절박해 부르짖을 때 응답해 주시는 분으로 함께 계셨다. 오늘 본문에서도 하나님은 삼손의 마지막 부르짖음을 들어주셨다. 그의 간절한 기도를 들어주셔서 불명예스럽게 죽지 않고, 그가 살았을 때보다 블레셋 사람들을 더 많이 죽이게 하셨다.

우리가 가장 추악한 죄에 빠졌을 때에도, 그로 인해 고통과 비참한 상황을 홀로 겪을 때에도 하나님은 우리와 함께 계신다. 우리를 불쌍히 여기신다. 우리가 회개하며 부르짖을 때, 우리의 기도를 들어주신다. 어떤 상황 가운데도 이런 하나님을 바라보며 그분께 부르짖어야 한다. 그럴 때 우리 삶에 반전의 은혜는 언제든 가능하다.

셋째, 인생의 마지막에 쓰임 받지 말고, 인생의 마지막까지 쓰임 받자.

삼손 인생의 마지막 순간에 죽인 블레셋 사람의 수가 그가 살았을 때 죽인 수보다 많았다. 그러나 그가 이스라엘을 해방시켰다는 기록은 없다. 그저 20년 동안 사사로 지냈다고 기록되었다. "블레셋 사람의 때에 삼손이 이스라엘의 사사로 이십 년 동안 지냈더라"(15:20).

어떤 순간이든 하나님께 나가면 인생의 마지막에도 반전의 기회를 주시니 감사하다. 그러나 눈 빠지고 힘 빠지고 짐승과 같은 처지가 되어서야 하나님께 부르짖고, 그래서 마지막에 쓰임 받는다면 슬픈 일이다. 내게 힘이 있을 때, 내게 물질이 있을 때, 내게 시간이 아직 남아 있을 때 하나님 앞에 헌신해서 인생의 마지막까지 쓰임 받아야 한다. 인생의 마지막에 쓰임 받지 말고, 인생의 마지막까지 쓰임 받아야 한다.

우리 주변에 젊은 시절에 방황하다가 인생 후반에 깨닫고 회개해서 신앙 생활하시는 분들이 계신다. 끝까지 나를 받아 주시고 인도하시는 하나님의 은혜가 귀하다. 그러나 젊은 시절부터 하나님께 붙들려 인생 끝까지 소명을 감당하는 모습은 얼마나 더 귀한가. 젊은 시절, 살아 계신 하나님을 만나 인생의 마지막에 쓰임 받는 것이 아니라, 인생의 마지막까지 쓰임 받는 축복을 누리길 소망해 본다.

마음의 기도

하나님, 어떤 순간에도 우리를 버리시지 않고 붙들어 주시는 당신의 은혜에 감사드립니다. 제 삶을 아낌없이 하나님께 드릴 수 있는 믿음과 용기를 주소서. 제게 힘이 있을 때, 제게 물질이 있을 때, 제게 시간이 아직 남아 있을 때 하나님 앞에 헌신하게 하소서. 인생의 마지막이 아니라, 인생의 마지막까지 쓰임 받게 하소서. 그 영광스러운 삶을 위해 오늘도 제게 주어진 하루를 믿음으로 살게 하소서.

실습 7: 구약과 신약 연결 본문(창 22:1-14)

중점　익숙한 구약 본문을 어떻게 신약으로 연결해서 그리스도 중심적으로 묵상할 수 있는지 실습해 본다.

실습　아래 본문에서 발견한 내용을 쓰고 그것이 어떻게 신약으로 연결될 수 있는지를 '본문의 내용'에 기록하라. 또한 신구약의 연결점이 어떻게 우리 삶에 반영될 수 있는지 '오늘날의 의미와 적용'에 쓰라. 그 후 마지막으로 자신의 본문 묵상의 제목과 기도를 쓰라. 자신의 것과 샘플로 제시된 것을 비교하고 더 발전시킬 부분이 있으면 추가로 작성하라.

본문　창세기 22장 1-14절

¹ 그 일 후에 하나님이 아브라함을 시험하시려고 그를 부르시되 아브라함아 하시니 그가 이르되 내가 여기 있나이다 ² 여호와께서 이르시되 네 아들 네 사랑하는 독자 이삭을 데리고 모리아 땅으로 가서 내가 네게 일러 준 한 산 거기서 그를 번제로 드리라 ³ 아브라함이 아침에 일찍이 일어나 나귀에 안장을 지우고 두 종과 그의 아들 이삭을 데리고 번제에 쓸 나무를 쪼개어 가지고 떠나 하나님이 자기에게 일러 주신 곳으로 가더니 ⁴ 제삼일에 아브라함이 눈을 들어 그 곳을 멀리 바라본지라 ⁵ 이에 아브라함이 종들에게 이르되 너희는 나귀와 함께 여기서 기다리라 내가 아이와 함께 저기 가서 예배하고 우리가 너희에게로 돌아오리라 하고 ⁶ 아브라함이 이에 번제 나무를 가져다가 그의 아들 이삭에게 지우고 자기는 불과 칼을 손에 들고 두 사람이 동행하더니 ⁷ 이삭이 그 아버지

아브라함에게 말하여 이르되 내 아버지여 하니 그가 이르되 내 아들아 내가 여기 있노라 이삭이 이르되 불과 나무는 있거니와 번제할 어린 양은 어디 있나이까 ⁸ 아브라함이 이르되 내 아들아 번제할 어린 양은 하나님이 자기를 위하여 친히 준비하시리라 하고 두 사람이 함께 나아가서 ⁹ 하나님이 그에게 일러 주신 곳에 이른지라 이에 아브라함이 그 곳에 제단을 쌓고 나무를 벌여 놓고 그의 아들 이삭을 결박하여 제단 나무 위에 놓고 ¹⁰ 손을 내밀어 칼을 잡고 그 아들을 잡으려 하니 ¹¹ 여호와의 사자가 하늘에서부터 그를 불러 이르시되 아브라함아 아브라함아 하시는지라 아브라함이 이르되 내가 여기 있나이다 하매 ¹² 사자가 이르시되 그 아이에게 네 손을 대지 말라 그에게 아무 일도 하지 말라 네가 네 아들 네 독자까지도 내게 아끼지 아니하였으니 내가 이제야 네가 하나님을 경외하는 줄을 아노라 ¹³ 아브라함이 눈을 들어 살펴본즉 한 숫양이 뒤에 있는데 뿔이 수풀에 걸려 있는지라 아브라함이 가서 그 숫양을 가져다가 아들을 대신하여 번제로 드렸더라 ¹⁴ 아브라함이 그 땅 이름을 여호와 이레라 하였으므로 오늘날까지 사람들이 이르기를 여호와의 산에서 준비되리라 하더라

제목

본문의 내용

오늘날의 의미와 적용

마음의 기도

묵상 샘플 7: 두 아버지 이야기

본문의 내용 창 22:1-14

하나님이 아브라함에게 백 세에 얻은 아들 이삭을 요구하신다. [30] 모리아 산에서 이삭을 번제로 드리라 하신다. 본문을 보면 의아한 생각이 든다. 하나님은 이삭이 아브라함에게 얼마나 소중한 존재인지 너무도 잘 알고 계시기 때문이다. 본문 2절이 이것을 잘 보여 준다. "여호와께서 이르시되 네 아들 네 사랑하는 독자 이삭을 데리고 모리아 땅으로 가서 내가 네게 일러 준 한 산 거기서 그를 번제로 드리라."

'네 아들,' 하나님은 이삭이 아브라함의 아들이라는 것을 아신다. '네가 사랑하는,' 하나님은 아브라함이 아들을 사랑한다는 것을 알고 계신다. '독자,' 하나님은 아브라함에게 단 한 명의 아들만 있다는 것을 아신다. 이를 모두 아시는 하나님이 아들을 번제로 바치라 하신다. 이름까지 정확히 말씀하시면서 요구하신다. '이삭!' 하나님이 이삭을 요구하신 이유는 본문에서 분명하다. 하나님을 경외하며 독자까지 아끼지 않는 아브라함의 믿음을 보기위해서다. "네가 네 아들 네 독자까지도 내게 아끼지 아니하였으니 내가 이제야 네가 하나님을 경외하는 줄을 아노라"(12절).

한편 본문을 아무리 봐도 쉽게 풀리지 않는 의문점이 있다. 아무리 하나님이 믿음을 본다고 하시지만 어떻게 이삭을 번제로 드리라고 하실까. 번제는 제물을 불에 태워 드리는 것이다. 이삭은 약속의 씨앗이다. 이 씨앗이 타 버리면 미래 약속의 열매를 기대할 수 없다. 또한 자녀를 태워 죽이는 것은 이방신 몰렉을 섬기는 이방 족속의 미신적이고 무자비한 행동이었다. 이런 것을 아브라함에게 요구하시다니…. 단지 그의 믿음만을 보기 위해서가 아닌 듯하다. 하나님의 어떤 큰 뜻이 있는 것 같다.

하나님의 뜻을 알기 위해 시기별로 이 장소에서 일어난 일을 살피는 것이 도움이 된다. 본문의 말씀처럼 약 주전 이천 년 전에 아브라함이 이 모리아 산에서 아들을 제물로 삼으려 한다. 약 천년 후 다윗이 인구 조사로 하나님께 벌을 받을 때 모리아 산, 오르난의 타작 마당에서 번제와 화목제를 드리고 용서받는다(대상 21:26-28). 그 후 솔로몬이 이 오르난의 타작 마당, 예루살렘에 성전을 건축한다. "솔로몬이 예루살렘 모리아 산에 여호와의 전 건축하기를 시작하니 그 곳은 전에 여호와께서 그의 아버지 다윗에게 나타나신 곳이요 여부스 사람 오르난의 타작 마당에 다윗이 정한 곳이라"(대하 3:1). 그 성전에 하나님의 영광이 임한다.

지금까지 살펴본 것을 정리해 보면 모리아 산, 예루살렘은 역사적으로 볼 때 한 아버지가 아들을 제물로 바친 곳이다. 죄 용서가 이루어진 곳이다. 또한 하나님의 영광이 임한 곳이다.

아브라함 시대 이후 다시 약 이천 년이 흐른 뒤에 한 아버지가 자기 아들을 모리아 산, 예루살렘에 오르게 한다. 아브라함이 이삭에게 나무를 지운 것처럼, 다른 한 아버지는 그 아들에게 나무를 지게 하신다. 그 아버지는 바로 하나님 아버지시다. 아들은 예수님이시다. 나무를 진 아들을 모리아 산, 예루살렘에 오르게 하는 상황은 아브라함의 상황과 비슷해 보인다. 그러나 결정적인 차이가 있다. 아브라함은 이삭을 죽이지 않았다. 그러나 하나님은 그 아들을 끝내 죽이신다. 하나님은 이삭을 대신할 양을 준비하셨다. 그러나 하나님은 그의 아들 예수를 위해 양을 준비하지 않으신다. 예수님 자신이 유월절 어린 양으로 죽게 하신다.

본문에 등장하는 약속도 뭔가 생각하게 만든다. 사람들은 아브라함의 이 사건 후에 하나님을 '여호와 이레'라고 고백한다. "오늘날까지 사람들이 이르기를 여호와의 산에서 준비되리라 하더라"(창 22:14). 우리가 잘 아는 것처럼 하나님께서 아브라함을 위해 양을 준비하셨다. 이미 일어난 과거의 사건이다. 그런데 신기하게 사람들은 미래형으로 약속을 기다리는 것처럼 말한다. "여호와의 산에서 준비되리라." 이제 우리는 안다. 아브라함 이후 약 이천 년 후에 하나님이 우리를 위해 소중한 양을 준비하신다. 하나님의 아들, 어린양 예수님이시다. 놀랍게도 하나님은 자기 아들까지 희생시키며 우리에게 영생을 주신다.

오늘날의 의미와 적용

본문은 하나님의 말씀에 따라 아들을 번제로 바치려는 한 아버지, 아브라함의 이야기다. 한편 본문이 신약으로 연결되면서 다른 아버지가 보인다. 바로 인류를 구원하기 위해 자신의 아들을 유월절 어린양으로 희생 시킨 하나님 아버지다. 너무도 놀라운 두 아버지의 이야기는 과거를 넘어 오늘 우리에게 다음과 같은 두 가지 연관성과 적용점을 준다.

첫째는 주신 것보다 주신 분을 사랑하는 믿음이다.

본문을 묵상하며 하나님이 지금 내게 가장 소중하게 생각하는 것을 콕 집어 달라 하시면 어떤 마음이 들지 생각해 본다. 그것도 아주 오래 기다려서 힘들게 얻은 것을 달라 하시면 어떤 감정이 생길지 생각해 본다.

본문에서 하나님은 우리의 믿음을 보시는 분이다. 어떤 종류의 믿음인가. 하나님이 원하시는 믿음은 오스 기니스(Os Guinness)의 표현대로 '주신 것'(the gift)보다 '주신 분'(the giver)을 더 사랑하는 믿음이다. 아브라함에게 하나님이 주신 이삭이 분명 소중하다. 그러나 하나님은 그것을 주신 당신을 더 소중한 분으로 사랑하는 믿음을 요구하신다. 아브라함의 하나님이 우리의 하나님이시다. 그분이 우리에게 동일한 믿음을 요구하신다. 하나님이 우리에게 주신 것보다, 그것을 주신 하나님을 더 사랑하는 믿음이 있어야 한다. 묵상하며 지금 나의 이삭은 무엇인지 생각해 본다. 내 자녀, 내 계획, 내 미래, 너무나 소중한 것들이다. 그러나 하나님께서 주신 나의 이삭을 그분께서 달라하시면 그분을 사랑하기에 기꺼이 드릴 수 있는 믿음이 있어야 한다.

둘째는 아들을 주신 하나님께 무엇을 드릴까를 적용할 수 있다. 하나님이 아브라함과 이삭의 이야기를 통해 예수 그리스도를 우리에게 주실 것을 약속하셨다. "여호와의 산에서 준비되리라." 이 약속 후 천 년 뒤 하나님은 죄인 된 우리를 살리시기 위해 자신의 유일한 아들을 이 땅에 보내신다. 예수님은 아버지의 뜻을 따라 유월절 어린양으로 대속의 죽음을 담당하신다. 내가 얻은 구원이 믿음으로 거저 받은 것이지만, 그 대가는 하나님 아들의 피와 목숨이었음을 다시 한 번 깨닫는다. 아들까지 주신 하나님은 아직도 우리에게 한없는 은혜를 부어 주신다. "자기 아들을 아끼지 아니하시고 우리 모든 사람을 위하여 내주신 이가 어찌 그 아들과 함께 모든 것을 우리에게 주시지 아니하겠느냐"(롬 8:32).

본문을 묵상하며 깊은 감사와 찬양이 흘러나온다. 그리고 아들까지 주신 하나님께 나는 무엇을 드려야 할지 생각해 본다. 비록 내가 가진 것은 적으나 하나님을 사랑하는 마음만은 크다. 부족한 재능, 시간, 재정이지만 하나님께 기꺼이 드리길 원한다. 무엇보다 아브라함이 하나님께 순종했듯, 예수님이 아버지께 순종했듯, 나 또한 순종의 삶을 살길 원한다.

마음의 기도

하나님, 제게 주신 많은 축복이 있습니다. 그러나 주신 것보다는 그것을 주신 하나님을 깊이 사랑하게 하소서. 우리를 살리시기 위해 아들까지 아끼지 아니하신 하나님의 은혜를 잊지 않게 하소서. 이제 하나님께 무엇을 받을까보다, 제가 당신께 무엇을 드릴까를 생각하는 성숙한 신앙인이 되게 하소서. 무엇보다 순종의 삶으로 하나님을 기쁘시게 하는 삶을 오늘도 살게 하소서.

지속적인 말씀 묵상은 인생의 보석이다. 그렇지만 그 보석을 얻기는 쉽지 않다. 어떤 때는 말씀 묵상이 부담이 된다. 말씀을 덮고 그냥 쉬고 싶을 때도 있다. 일주일, 한 달, 몇 달 동안 묵상이 끊길 때가 있다. 성도뿐만 아니라 목회자들도 그런 경험을 한다. 묵상 생활의 고비가 와서 힘든 분들께 이런 조언을 주고 싶다.

첫째, 그냥 쉬어도 괜찮다. 지금까지 열심히 묵상 생활하며 살았다. 한 주, 한 달, 좀 길게 쉬어도 괜찮다. 우리 하나님이 묵상을 멈추었다고 당장 벌을 내리시는 분이 아니다. 이상하게 들리겠지만 때론 쉼이 더 깊은 묵상을 위한 준비 과정이 될 때가 있다.

둘째, 과거의 묵상 기록을 읽으라. 과거의 묵상을 읽으며 하나님 앞에 말씀을 붙잡고 애쓰며 누렸던 은혜를 다시 느낄 수 있다. 은혜를 추억하는 것이다. 묵상 기록을 읽는 것만으로도 다시 묵상하고 싶은 마음이 들 때가 많다.

셋째, 가장 쉬운 방법으로 간략하게 다시 묵상을 적으라. 운동을 멈추었다가 다시 시작할 때 갑자기 무리한 운동을 하지 않는다. 기초 운동부터 차분하게 다시 시작한다. 묵상도 마찬가지다. 가장 쉬운 개요 형태로 묵상을 기록하라. 단 한 줄을 적어도 좋다. 진심과 갈망을 담아 한 줄로 적어도 묵상은 다시 시작된다.

넷째, 자기에게 맞는 방법으로 묵상을 지속하고 주위 사람들과 은혜를 나누라. 지속적인 묵상 생활을 하기 원한다면 자신에게 맞는 묵상법을 찾는 것이 중요하다. 본문의 내용과 연관성 및 적용이 적절히 포함된 자신만의 방법을 찾으라. 그리고 묵상의 은혜를 사랑하는 사람들과 나누라. 그 은혜가 점점 더 깊이 서로에게 흘러갈 것이다.

신앙의 슬럼프가 올 때 나는 오래된 나의 성경책을 본다. 어떤 성경책은 매일 몇 번씩 펼쳐 보아서 더 이상 하나의 제본이 아니라 몇

개로 쪼개져 있다. 어떤 성경책의 일부분은 묵상을 할 때마다 떠오르는 생각을 다양한 색 펜으로 적어 두어서 총천연색 화보같이 보인다. 이렇게 내가 사용했던 성경책을 보다가 과거에 작성한 묵상기록을 읽어 본다. 거기에 내 갈망과 눈물과 주님을 향한 기도가 적혀있다. 하나님과의 깊은 만남의 순간을 읽으며 나는 다시 회복되곤 했다. 그렇게 다시 말씀을 붙잡고 씩씩하게 살 수 있었다.

말씀 앞에 서면 내가 누군지 알게 된다. 내 앞에 하나님이 계시기 때문이다. 조용한 시간 묵상을 하기 위해 성경을 펼치면 본문에서 은혜가 물처럼 흘러나오는 것 같다. 이 은혜의 물에 내 마른 영혼이 다시 젖어들고 소생된다. 이런 경험은 무엇과도 바꿀 수 없는 기쁨이다. 이 책을 마치며 더 많은 사람들이 묵상의 세계로 들어와 함께 은혜의 강물에 젖어들기를 기대한다.

주(註)

1) Thomas G. Long, *Preaching and the Literary Forms of the Bible* (Philadelphia: Fortress Press, 1989), 45-51.

2) Shigeyuki Nakanose, *Josiah's Passover: Sociology and the Liberating Bible* (Eugene, Oregon: Wipf and Stock Publishers, 2000), 115, 123.

3) 본문 중심의 말씀 묵상과 본문 중심의 설교는 공통된 세 요소를 가진다. 다음의 책을 참고하라. 권호, 《본문이 살아있는 설교: Text-Driven Preaching》 (서울: 아가페, 2018), 34-36.

4) John Stott, *Between Two Worlds: The Art of Preaching in the Twentieth Century* (Grand Rapids: Eerdmans, 1982), 137.

5) 본문 중심 묵상의 1단계인 본문 내용 파악 방법은 다음의 책 부분을 요약 및 수정, 보완했다. 권호, 앞의 책, 61-78.

6) 크로스웨이 ESV 스터디 바이블 편찬팀, 《ESV 스터디 바이블》(서울: 부흥과개혁사, 2014), 501-509, 534-535.

7) 《ESV 스터디 바이블》, 535.

8) 마이클 윌코크, 《사사기 강해》 (서울: IVP, 1997), 11.

9) Marshall, Millard, Packer, and Wiseman eds., *New Bible Dictionary* (Downers Grove, IL: IVP, 2007), "bareness", 123.

10) 《ESV 스터디 바이블》, 501-506.

11) 본문 중심의 말씀 묵상 2단계인 연관성 발견에 대해서는 다음의 책 부분을 요약 및 수정, 보완했다. 권호, 앞의 책, 103-139.

12) John Stott, *Between Two Worlds: The Art of Preaching in the Twentieth Century* (Grand Rapids: Eerdmans, 1982), 137.

13) 권호, 앞의 책, 108.

14) 연관성 발견을 위한 원리화 및 대상화 과정에 대해서는 다음의 책 부분을 요약 및 수정, 보완했다. 권호, 《보이는 내러티브 설교법》 (서울: 생명의말씀사, 2021), 65-93.

15) Terrry G. Carter, Scott Duvall, and Daniel Hays, *Preaching God's Word: A Hands-On Approach to Preparing, Developing, and Delivering the Sermon* (Grand Rapids: Zondervan, 2005), 104-105.

16) Grant R. Osborne, *The Hermeneutical Spiral: A Comprehensive Introduction to Biblical Interpretation* (Downers Grove, IL: IVP, 2006), 334.

17) Osborne, *The Hermeneutical Spiral*, 333.

18) Haddon W. Robinson, *Biblical Preaching: The Development and Delivery of Expository Message*, 2nd ed. (Grand Rapids: Baker Academic, 2001), 87.

19) 권호, 《본문이 살아있는 설교》, 139.

20) 본문 중심의 말씀 묵상 3단계인 적용점 찾기에 대해서는 다음의 책 부분을 요약 및 수정, 보완했다. 권호, 앞의 책, 140-162.

21) Hershael W. York and Bert Decker, Preaching with Bold Assurance: *A Solid and Enduring Approach to Engaging Exposition* (Nashville: Broadman, 2003), 188-190.

22) Donald R. SunukJian, *Invitation to Biblical Preaching: Proclaiming Truth with Clarity and Relevance* (Grand Rapids: Kregel Publications, 2007), 73-84, 163-181.

23) 권호, 앞의 책, 160.

24) 권호, 《본문이 살아있는 설교 작성법: Text-Driven Preaching Workbook》 (서울: 아가페, 2019), 43-48.

25) Joseph D. Driskill, *Protestant Spiritual Exercises: Theology, History and Practice* (Morehouse Publishing: New York, 1999), 111.

26) 이 샘플은 다음의 글을 수정 및 보완했다. 권호, '주제별 성경 연구', 《그말씀》 (서울: 두란노, 2018년 3월호), 94-101.

27) 송병현, 《엑스포지멘터리 창세기》 (서울: 국제제자훈련원, 2010), 350.

28) 《ESV 스터디 바이블》, 541.

29) 김지찬, 《오직 여호와만이 우리의 사사》 (서울: 생명의말씀사, 2010), 394.

30) 이 묵상은 다음의 책 부분을 수정 및 보완했다. 권호, 《보이는 내러티브 설교법》, 57-59.